Gertraud F. Maier

Flugsommer

der böhmisch-bayerische Weg einer starken Frau

Roman mit historischem Hintergrund

Ohetaler Verlag

Titelbild: Altweibersommer, im Böhmerwald auch Flugsommer genannt
Foto: Václav Sklenář

Impressum

Autorin

Gertraud F. Maier

Illustration

Walter Grössl

Layout

Hans Schopf

Herausgeber

Ohetaler Verlag

Finkenweg 13 • 94481 Grafenau

www.ohetaler-verlag.de • www.morsak.de

E-Mail: info@ohetaler-verlag.de

Tel. 08552 4200

ISBN 978-3-95511-099-4

Inhaltsverzeichnis

Herbstfäden
glitzernd im Morgenlicht
Boten vergangener Zeiten –
durch die Lüfte
getragen
spinne die Fäden des Schicksals
neu –
den Nornen zum Trotz.

Flugsommer

An Herbsttagen mit sonnigem Wetter – auch Altweibersommer oder Flugsommer genannt –, kühlt es sich in klaren Nächten oft sehr ab, so dass in den Morgenstunden durch den Tau, die feinen Fäden der kleinen Flugspinnen sehr deutlich zu erkennen sind.

Durch den Windhauch getragen schweben sie durch die Luft, bleiben an Gräsern und Hecken hängen. Die seltsamen Fäden schimmern im Sonnenlicht wie lange silbergraue Haare.

Vergangene Sagen erzählten, dass alte Frauen diese beim Kämmen verloren hatten und dass dies, das Wirken der „Nornen"[1], der alten Schicksalsgöttinnen, die die Lebensfäden der Menschen spinnen, war …

1 Die Nornen (altnordisch nornir) sind in der nordischen Mythologie schicksalsbestimmende weibliche Wesen, von denen einige von Göttern, andere von Zwergen oder Elfen abstammen sollen. Quelle: Wikipedia

Wo alle Wege enden
die Luft durchwirkt
von Frieden ist –
wo selbst die Stille
wie leise Musik tönt
und Zeit und Raum
Vergangenheit –
werde ich geduldig warten
auf einen neuen Anfang
im endlosen Rad
der Leben.

Prolog

Spitzenberg, 30. Sept. 1941

Vorsichtig öffnete Mare[2] die niedrige Türe zur Austragskammer, sorgsam darauf bedacht, die stets knarrende Holzschwelle nicht zu berühren. Ihre Holzpantinen hatte sie schon vorsorglich davor abgestreift. Auf Zehenspitzen näherte sie sich behutsam dem Bett, das sich an der Stirnseite des karg eingerichteten Stübels befand.

Rechter Hand stand ein schmaler hoher Kleiderschrank aus Nussbaum, dessen matte Vorderseite auch schon bessere Tage gesehen hatte. Außer einem dunkelbraunen Stuhl mit hoher Lehne und einer Wäschekommode neben dem Bett mit einem handtuchgroßen etwas verstaubten Spiegel darauf, war das Zimmer so gut wie leer. In der linken vorderen Ecke befand sich neben der Tür noch ein kleiner Ofen aus Gusseisen und daneben eine Schwinge mit Holz.

Der Raum wirkte kalt und unbewohnt und das dunkle Holz des spärlichen Mobiliars verlieh ihm noch zusätzlich eine düstere Note.

Der einzige Farbtupfer darin war eine rote geschliffene Glasvase auf der Kommode, die sich etwas fremdartig neben der verbeulten Blechschüssel, in der einige benutzte graue Lappen und ein Seifenrest lagen, ausnahm. Darin steckten ein verdorrter Buchsbaumzweig und zwei Blumen, kunstvoll aus Krepppapier gefertigt, deren ursprüngliche Farbe längst zu einem verwaschenen Rosa verblasst war.

Die abgestandene Luft roch nach den Körperausdünstungen, lang benutzter Bettwäsche, vermischt mit der unverkennbaren Schärfe von Urin.

Durch das niedrige Fenster fiel ein dünner orangefarbener Streifen der bereits untergehenden Sonne auf die Bettdecke, verblasste in Sekundenschnelle zu bläulichem Violett, den Raum zunehmend in diffuses Dämmerlicht tauchend.

Möglichst geräuschlos versuchte sie die oberste Schublade des dunkel gebeizten Kasten zu öffnen, dessen Messingbeschläge matt im

2 Mundart für Maria

Zwielicht glänzten. Sie nahm eine der geweihten Wetterkerzen, von denen sich ein halbes Dutzend darin befanden, in die Hand. Unschlüssig verharrte sie, zögernd ob sie diese jetzt schon anzünden sollte.

Das Gesicht ihrer Großmutter lag bewegungslos im Schatten des Kissens und für einen Moment befürchtete sie, diese sei bereits gestorben, ohne tröstliches Licht und ganz allein in der Dumpfheit dieser verlassenen Kammer.

Kurz beschlich sie leises Schuldgefühl. Den ganzen Nachmittag hatte sie noch keine Zeit gefunden um nach ihr zu sehen.

Sachte stellte sie die Waschschüssel samt Inhalt auf den Boden.

Nachdenklich nahm sie eine der Papierblüten in die Hand. Angeblich hatte Großmutter sie angefertigt. So recht vorstellen konnte sie sich dies aber nicht. Vielleicht vor langer Zeit, wer wusste das schon. Sie stellte die Kerze daneben und das jetzt schimmernde Rot des Glases erweckte sie nun fast zu neuem Leben.

Beim milden Lichtschein jedoch öffnete die Greisin mühevoll die Augen, scheinbar ziellos irrte ihr Blick in der Austragskammer umher.

„Schuhe, Schuhe", kam es fast unverständlich aus ihrem zahnlosen Mund.

Was sie schon wieder mit ihren Schuhen will, schoss es Mare verärgert durch den Kopf, bald braucht sie sowieso keine mehr!

Sie nahm das Paar, das ständig unter Großmutters Bett stehen musste, in die Hand. Eine Marotte dieser alten Frau, und die ihr deswegen beim Saubermachen schon oft im Weg waren. Sie hielt die Schuhe, es waren ganz gewöhnliche schwarze halbhohe Schnürschuhe, in die Höhe. Unauffällig wischte sie mit dem Schürzenzipfel den angesammelten Staub von den Kappen. Großmutter konnte recht eigen sein, wenn es um ihr Gehwerkzeug ging.

Seufzend stellte Mare die beiden klobigen Dinger neben das Licht und die Zufriedenheit, die daraufhin das runzlige Antlitz wie ein heller Schein überzog, machte sie betroffen. Es gibt so wenig, was ich noch für sie tun kann, ging es ihr durch den Sinn.

Das Sterben dauerte nun schon Tage.

Mitleidig strich sie die Falten der zerschlissenen Bettdecke glatt, ordnete das verrutschte Leintuch unter den mageren Beinen.

Nicht, dass sie besonders viel für ihre Großmutter empfand.

Niemand – so schien es – empfand etwas für diese hagere Alte, deren unnahbares herrisches Wesen sie bereits als Kind einschüchterte, und die vor allen Dingen mit ihren unerbittlich hohen Forderungen für ihren Austrag[3], den elterlichen Hof beinahe an den Rand des finanziellen Ruins getrieben hatte.

Sie konnte die unglaublichen Bedingungen fast auswendig herunterbeten, waren diese früher doch der Anlass, dass ihre Mutter Maria oft mit rotgeweinten Augen ihr schweres Tagwerk verrichtete, dessen Mühsal sich durch die harten Ansprüche noch um einiges erschwerte.

Dies war sicherlich auch mit ein Grund, warum ihre Großmutter jetzt den Großteil des Tages allein in der Kammer lag. Nur sie selbst fühlte sich verpflichtet, von Zeit zu Zeit nach ihr zu schauen, um ihr etwas dünne Suppe einzuflößen oder die Nässe zwischen den Beinen zu beseitigen. Ansonsten kümmerte es niemanden besonders, wie es um die „Alte", wie sie von allen nur genannt wurde, stand.

Warum sie sich genötigt fühlte, öfter nach ihr zu sehen, konnte sie sich selbst nicht so recht erklären. Irgendwie war in ihr das unbestimmte Gefühl, hinter diesen strengen Gesichtszügen verberge sich vielleicht eine verletzte Seele, deren bitterer Ausdruck früher nicht vorhanden war.

Sie wusste so gut wie überhaupt nichts vom Leben ihrer Großmutter „Ernestine".

Großvater Paul war schon seit zwanzig Jahren tot. Ob sie ihn wohl geliebt hatte?

Sie sprach nie von ihm und Mare konnte sich nur undeutlich an einen hageren Mann mit Schnurrbart und gebeugten Schultern erinnern. Doch sein mildes Lächeln war ihr noch lebhaft im Gedächtnis geblieben.

„Gänse, wo bleiben denn heuer die Gänse?"

---

3 Übergabebedingungen s. Anhang

Die Stimme der Alten erklang unvermittelt klar und fest, ihre Augen waren für einen kurzen Moment funkelnd und sie schien bei vollem Verstand.

Es mussten einmal schöne Augen gewesen sein, fuhr es Mare durch den Kopf, aber jetzt war nichts mehr davon übrig.

Lauschend hob sich ihr Greisenkopf mit den grauen Haarsträhnen, die sich aus dem geflochtenem Zopf gelöst hatten und die immer noch etwas von der früheren Festigkeit besaßen. Es war, als ob sie auf etwas wartete, etwas – das nur ihr schon verwirrter Geist erahnen konnte.

„Dieses Jahr gibt es keine Gänse", versuchte Mare sie zu beschwichtigen.

Es war 1941, Anfang des dritten Kriegsjahres.

Der älteste Bruder Fritz war auf Kreta stationiert, Hans und Josef irgendwo in den unendlichen Weiten Russlands. Nur selten kam eine Feldpostkarte, die davon zeugte, dass sie am Leben waren. Max und Alfons befanden sich noch daheim, sie waren zu jung um zum Kriegsdienst eingezogen zu werden. Aber wenn der Krieg nun länger dauerte? Sie mochte gar nicht daran denken. Das Essen war karg und es fehlte oft am Nötigsten. Wo sollte man da Gänse hernehmen?

Sanft strich sie ihr das wirre Haar aus der feuchten Stirn.

Schon vor Tagen hatte man den Pfarrer aus Neu-Reichenau geholt, um ihr das Sterben leichter zu machen, aber sie war noch immer nicht bereit loszulassen.

Sie zog sich den abgewetzten Stuhl an die Längsseite des Bettes und ließ den bereitliegenden Rosenkranz durch die Finger gleiten, begann leise den „Schmerzhaften" zu beten: „Der du für uns gekreuzigt worden bist …"

Die alte Frau murmelte erneut etwas vor sich hin, aber Mare versuchte vergeblich die Worte zu verstehen.

Deren Atem wurde von Minute zu Minute mühsamer … setzte aus, kam pfeifend zurück, um erneut zu stocken. Die Wangen waren bereits von bläulichen Schatten umgeben. Das Kinn unter dem eingefallenen Mund zog eine scharfe Linie.

Mare stand auf. Es wurde Zeit, jemanden von der übrigen Familie zu holen.

Es geht dem Ende zu, dachte sie bekümmert, empfand plötzlich echte Trauer.

Es gibt so vieles, was ich sie jetzt noch fragen möchte – jetzt wo es dafür zu spät ist.

Ein leichter Lufthauch brachte die Kerze zum Flackern.

Mit sichtlicher Anstrengung hob die Sterbende den Kopf aus dem Kissen, starrte suchend in eine dunkle Ecke des Raumes.

„Paul?“ Ein Flüstern nur wie ein Raunen, ein schwaches Lächeln milderte ihre harten Züge auf wundersame Weise.

Die Kerzenflamme hatte sich beruhigt.

Stille erfüllte den Raum …

– Festgehalten
im Muster des Lebens
mit feinen Fäden verbunden.
– Hoffend
auf den ersten Herbstwind
um getragen
in den letzten Sonnenstrahlen
zu tanzen.

Ernestine

Böhmen, Planie 1878

Unlustig stocherte Ernestine mit ihrem nackten großen Zeh in der alten verstreuten Asche, die vor dem gemauerten, mit Ruß geschwärzten Backofen lag.

Langsam begann es heller zu werden. Am östlichen Horizont zeigte sich bereits ein orangefarbener vielversprechender Streifen, der einen dieser traumhaften Herbsttage verhieß, die um diese Jahreszeit, es war schon fast Ende Oktober, immer seltener und deshalb um so kostbarer waren. Trotzdem bargen die Nächte schon die ersten Frostspuren in sich und es würde nicht mehr allzu lange dauern, bis am Morgen der Raureif auf den Nordhängen zu sehen war.

Die morgendliche Kühle kroch Ernestine unaufhaltsam von den Beinen aufwärts durch die klammen Intasikidl[4]. Ihre Holzschuhe hatte sie wieder einmal irgendwo stehen gelassen. Sie mochte die klobigen Dinger nicht besonders, selbst jetzt im Spätherbst lief sie lieber barfuß herum. Doch nun bereute sie ihre Unachtsamkeit.

Fröstelnd hob sie das rechte Bein und rieb sich damit an der linken Wade. Das Ganze brachte aber keine nennenswerte Wärme, nur etliche Schmutzstreifen mehr auf ihrer Haut.

Ihr Blick streifte den urwüchsig dunklen Wald, der von Norden her fast bis an die Grenze ihres kargen Grund und Bodens heranreichte. Die drei Felder, auf denen der Roggen, der Flachs für d`Leinwand, und Hafer für das Federvieh angebaut wurden, lagen ein gutes Stück weiter südlich vom Hof entfernt. Der schmale, lange Kartoffelacker mit den zwei Kraut- und einer Rübenzeile befand sich knapp daneben. Der Boden gab nicht allzu viel her.

In dieser Höhenlage herrschte ein raues Klima, und in manchen Jahren fiel die Kartoffelernte mager aus. Es reichte mehr schlecht als recht zum Überleben.

Planie war ein Weiler mit etlichen verstreuten Gehöften, die zur Gemeinde Kaltenbach gehörten. Der fast drei Kilometer entfernte Ort

4 Unter(sich)röcke

befand sich am Ende des flachen Thierbachtales und seines Zuflusses Kaltenbach. Fast nichts mehr erinnerte an die früheren Glashütten, nur die Namen waren geblieben: Althütten, Bockhütte und Neuhütte, das später in Kaltenbach umbenannt wurde.

Die kleine Dorfschule, die 1870 auf drei Klassen erweitert wurde, reichte für die Bedürfnisse der umliegenden Bewohner voll aus, zur Pfarrkirche St. Martin mussten sie aber bis ins weiter südlich entfernte Neugebäu gehen. Nach Böhmhäuser zog sich die Hochplateauebene in langen flachen Wellen, nur unterbrochen von Filzen und Mooren bis nach Ferchenhaid hinunter, um dann wieder in dichten Waldbestand überzugehen.

Sehnsüchtig beobachtete sie eine einzelne Krähe, die mit lautem Krächzen aufstob und sich über die verkümmerten Obstbäume nach Westen davonmachte.

Wie immer kreisten ihre Gedanken bei solch seltenen Gelegenheiten der Muße um ihren heimlichen Wunsch: Wegzugehen! Weg – aus all der bedrückenden Enge, der Not und täglichen Mühsal. Weg von allem, was ihr schon seit langem verhasst war.

Seit vier Uhr morgens befanden sich Ernestine und ihre Mutter auf den Beinen.

Es war wieder Backtag heute, so wie alle vier Wochen. Am Vortag begannen bereits die Vorbereitungen.

Der hölzerne Backtrog und das Roggenmehl wurde in die warme Stube gestellt. Darin befanden sich noch ein bis zwei Handvoll eingetrockneter Sauerteig vom letzten Brotbacken. Mittags wurde der Trog mit etwas warmen Wasser eingeweicht, abends kam mehr lauwarmes Wasser und ein Häufchen Mehl dazu. Daraus wurde ein „Dampferl" gerührt und über Nacht das Ganze mit einem Tuch warm zugedeckt. Über diesen Brei wurden feierlich drei Kreuze gemacht; gegen die Hexen, für die Kraft des Brotes und Bitte um Gottes Segen.

Am nächsten Morgen, meist schon um vier Uhr früh wurde die Masse tüchtig umgerührt, damit sich der Sauerteig gut vermischte. Nun kam die große Menge des Roggenmehls dazu, außerdem genügend lauwarmes Wasser, Salz und Kümmel. Der Teig wurde so verknetet, dass er einige Male von der einen Seite des Troges zur anderen gewendet wurde. Er durfte nicht zu weich und nicht zu fest sein.

Es war Schwerstarbeit, den Teig für ungefähr sechzehn Brote solange zu bearbeiten, bis er glatt und geschmeidig war. Nun musste er noch einige Stunden gehen, dann erst wurden die Laibe daraus geformt und in die mit Mehl ausgestaubten, geflochtenen Brotkörbe gegeben. Die Laibe mussten in der Wärme nochmals aufgehen.

Der Backofen wurde frühmorgens mit mindestens eineinhalb Dutzend Fichten- und Buchenscheiter angeheizt. Erst wenn das Holz heruntergebrannt war und der Innenraum des Ofens somit die richtige Temperatur erreicht hatte, wurde die Glut und die Asche mit der langstieligen Ofenkrucke herausgeholt. Sie fiel in die Grube vor dem Ofen, wurde mit einem Kübel Wasser abgelöscht und als Dünger für den Gemüsegarten verwendet.

Den Boden des Backofens kehrte man mit einem Wisch aus frischem Tannengrün, den man vorher in einen Eimer mit Wasser tauchte, gründlich aus.

Eine Handvoll Mehl, ins Innere gestreut, zeigte die richtige Hitze an. Wurde das Mehl zu schnell braun, blieb einem nichts anderes übrig, als den Boden noch einmal auszukehren, denn die Temperatur war dann immer noch zu hoch. Nach einigen Minuten konnte die Prozedur wiederholt werden. Behielt das Mehl seine helle Farbe, wurden die Laibe mit einem hölzernen Schieber in den Backraum geschossen.

Ernestine war furchtbar müde.

Es dauerte noch eine ganze Weile bis die Scheiter endgültig verbrannt waren, aber sie verspürte nicht die geringste Lust ins Haus zurückzugehen, in all den morgendlichen Mief, den zehn Personen Nacht für Nacht hinterließen. Da zog sie lieber die eisige Frische hier draußen vor.

In ihre Kammer, oder genauer ausgedrückt, besseren Verschlag unter dem Dach, konnte sie sowieso nicht zurück. Das Bett wurde von ihrer acht Jahre jüngeren Schwester Agnes voll in Anspruch genommen. Die wartete jedes Mal schon sehnsüchtig darauf, dass die Ältere ihren frühen morgendlichen Pflichten nachkam und sie sich daraufhin nach

Herzenslust in der warmen Kuhle breitmachen konnte. Außerdem atmete Agnes seit ihrer schweren Grippe vor zwei Jahren, im Schlaf so laut und unregelmäßig, dass Ernestine oft lange neben ihr wach lag und sich in ihr Mitleid mit jeder weiteren schlaflosen Minute, aufkommende Hassgefühle mischten.

Manchmal malte sie sich in ihrer Phantasie aus, Agnes Atem würde plötzlich stillstehen und sie könne den schwerfälligen Körper ihrer Schwester über den Rand des Bettes schieben, um endlich die ersehnte Ruhe zu haben. Hinterher rückte sie jedes Mal voller Schuldgefühle bis an die äußerste Kante, um ihr dadurch noch zusätzlich Platz zu schaffen.

An der rechten Schrägwand, deren Holzbretter mittlerweile schon beachtliche Risse aufwiesen, hielt rupfenes Sackleinen, das zusätzlich an die Balken genagelt war, den eisigen Ostwind, der jetzt in den bereits kühlen Herbstnächten über die Dächer fegte, etwas ab. Davor befand sich noch eine Bettstatt, die aber bereits restlos von den drei kleineren Geschwistern ausgefüllt wurde.

Da war Anna mit ihren neun Jahren, deren schmales Gesicht immer einen ernsten und abwesenden Ausdruck aufwies, als sei sie mit ihren Gedanken irgendwo und nirgendwo. Was niemand wusste oder auch nur im entferntesten ahnte, Anna war auf dem linken Ohr fast völlig taub. Eine nicht behandelte Infektion des Mittelohrs, die sie sich als Säugling zuzog, als sie vom Polster rollte und fast drei geschlagene Stunden auf den eiskalten Holzbrettern des Stubenbodens lag, sich die Seele aus dem Leib schreiend.

Die restlichen Familienmitglieder befanden sich auf dem Kartoffelacker um die letzten der kostbaren Feldfrüchte noch einzubringen, bevor die ersten Nachtfröste dieses früh einsetzenden Spätherbstes sie ungenießbar machten.

Als Marianna, ihre Mutter, endlich vom Acker zurückkehrte, packte sie die völlig unterkühlte Anna schnellstens in warme Tücher, konnte aber nicht verhindern, dass die Kleine tagelang fieberte und jämmerlich vor sich hinwimmerte. Man gewöhnte sich in der Familie an ihre etwas seltsame Art und die unartikulierte Aussprache. Sie war halt ein bisschen zurückgeblieben. Niemand kam auf den Gedanken, ihr einsilbiges Gebaren sei nur die Folge ihrer Unfähigkeit den genauen Wortlaut des Gehörten zu erfassen.

Dann war da noch Theresa, die im nächsten Monat sieben wurde. Ein lebhafter Wirbelwind, deren braune Zöpfe immer unordentlich und zerzaust in alle Richtungen strebten. Der unzertrennliche Schatten von Anna, Sprachrohr deren geheimen Wünsche, die sich anscheinend nur ihr offenbarten. An ihr: „Anna möchte dies und Anna will das", hatten sich alle in der Familie schon längst gewöhnt, wobei niemand sonderlich Rücksicht auf irgendwelche Bedürfnisse nahm.

Mit Sicherheit aber würde wieder keiner Theresas Geburtstag zur Kenntnis nehmen.

Genauso wenig wie den meinen in diesem Jahr, dachte Ernestine mit einem Anflug von Bitterkeit. Zwanzig Jahre – zwanzig Geburtstage und an keinen einzigen konnte sie sich erinnern, der vom Rest der Familie besonders beachtet wurde. Dieses Jahr im März wartete sie besonders sehnsüchtig darauf. Auf was, konnte sie eigentlich selbst nicht einmal genau sagen, nur das unbestimmte Gefühl ihrem Ziel, wegzugehen, ein Stück näher gekommen zu sein, aber der März ging vorbei und mit ihm Frühjahr und Sommer.

Da war außerdem noch Michel, zum jetzigen Zeitpunkt der Jüngste. Mit seinen knapp fünf Jahren für das Radlbett bereits zu groß und doch noch zu klein, um bei den drei älteren Brüdern in der Bubenkammer zu schlafen, teilte er das Bett mit Anna und Theresa und musste mit dem spärlichen Platz am Fußende der Bettstatt vorlieb nehmen. Er war für sein Alter sowieso viel zu schmächtig, deshalb nahm er auch so wenig Fläche für sich in Anspruch, so dass sich die beiden oft über ihn lustig machten, wenn er sich fast unauffindbar zu ihren Füßen verkroch.

Wenn in den ersten rauen Winternächten morgens die Zudecke klamm und der Atem wie eine silberne Wolke über den Betten hing, war es Zeit, das ganze Bettzeug samt Strohsäcken zusammenzupacken und in die Stube und in die Kammer nebenan zu wechseln, die sonst nur ihren Brüdern vorbehalten war.

Ernestine war der Sommer mit seinen lauen Nächten unter dem Dach viel lieber. Allerdings fürchtete sie die heftigen Sommergewitter, da sich das ganze Getreide und das Heu, nur durch eine dünne Bretterwand abgetrennt, neben den Schlafstätten befand.

Für sie als älteste Tochter, bedeuteten die jüngeren Geschwister noch mehr Arbeit und jetzt war es bald wieder soweit und ein hungriger Mund mehr zu füllen.

Weggehen? Was sollte dann aus ihnen werden?

Fröstelnd zog Ernestine das braune, schon etwas ausgefranste Schultertuch enger um den Hals und wünschte sich und ihren immer kälter werdenden Körper in den warmen Ofen.

Es kam ihr vor, als stünde sie schon Jahre ihres Daseins vor diesem gemauerten Backofen, mit seinen verrußten Steinen und dieser verzogenen Ofentüre, deren Riegel beim Öffnen immer klemmte und sie sich dabei fast jedes Mal die Finger verbrannte.

Unmutig verlagerte sie ihr Gewicht auf das andere Bein und schob die Fußsohle noch etwas höher. Die Innenseite ihres Oberschenkels fühlte sich relativ warm an und für einen Moment durchzuckte sie die bildhafte Vorstellung, ihre eiskalte Sohle wäre die Hand eines Mannes, der sie besitzergreifend berührte. Der Gedanke daran ließ sie für einen kurzen Augenblick die Kälte vergessen, aber sofort ernüchtert, zwang sie sich an das Nächstliegende zu denken. Ein Kessel mit Kartoffeln musste noch in aller Früh gekocht werden – ein großer Kessel, der für alle zehn Personen reichte.

Das restliche, altbackene Brot war gestern Abend in einer aufgeschmalzenen Brotsuppe an Vater und ihre Brüder verfüttert worden.

„Verfüttert", ist genau der richtige Ausdruck dafür, dachte sie mit unterdrücktem Zorn. Ihre Brüder fielen über das Essen her wie das Schwein im Koben. Für die übrigen Familienmitglieder reichte es nur zu einer dünnen Mehlsuppe und Kartoffeln.

Deshalb nahm sie vorher noch verstohlen etliche davon für die Kleinen beiseite und verbarg sie hinter den Holzscheiten neben dem gemauerten Küchenherd. Waren die Knollen später auch kalt, war es doch besser als ihre hungrigen Blicke im Bett zu spüren.

Sie beschwerten sich selten. Solche Gefühlsregungen wurden nicht beachtet und noch weniger geduldet.

Das Brot wurde in einer großen Schublade unter dem Tisch aufbewahrt und nur Vater oder auch Mutter teilten die bemessenen Rationen zu. Nie hätte jemand die Dreistigkeit besessen, sich eigenmächtig am Brotvorrat zu vergreifen. Die übrigen Laibe wurden in Leinen gewickelt und wegen der Mäuse auf hoch angebrachten Brettern in der kleinen dunklen Vorratskammer hinter der Stiege gelagert.

Bei Tisch langte jeder in die große Suppenschüssel, die sich in der Mitte befand. Das Löffeln ging reihum und jeder musste sich an die Abfolge halten, nur Michel wurde noch von ihrer Mutter mitversorgt. Vater stellte sich nie gegen ihre Brüder. Er war stolz auf sie, waren sie für ihn doch unentbehrlich.

Sie waren jetzt um diese Jahreszeit oft mit ihm unterwegs, paschten[5] mit Rum, Schnaps und Tabak, den sie weiter südlich über die Grenze ins Bayerische verkauften. Schwärzen[6] wurde unnachsichtig mit Gefängnis bestraft und die Grenzer, die den Schmugglern auf ihren unwegsamen Pfaden auflauerten, zögerten nicht, von ihrer Schusswaffe Gebrauch zu machen. Oder sie gingen in den fast undurchdringlichen Wäldern, die dem Grafen Thun gehörten, auf die Jagd, das Wildbret heimlich in die Wirtsschenken an der Grenze bringend.

Alles Jammern und Lamentieren seitens ihrer Mutter brachte Vater nicht dazu, die gefahrvollen Unternehmungen aufzugeben und er hielt immer mit dem allzeit beliebten Leitspruch dagegen: „Es ist zwar verboten, aber keine Sünd!“

Seit ihre Brüder das vierzehnte Lebensjahr vollendet hatten, durften sie dieses unstete Leben im Spätherbst nach Herzenslust mit ihm teilen.

Das Jahr über verdingten sich Vater und ihre Brüder Johann und Karl bei den Holzfällergruppen, die in den großen Waldungen die zum Gut „Groß-Zdikau“ gehörten und die von den Außergefielder, Buchwalder, Planier, Kaltenbacher und Groß-Zdikauer Forstrevieren

---

5 Schmuggeln
6 ebenso

bewirtschaftet wurden, rodeten. Sie kamen dann abends oft zerschunden, ausgehungert und todmüde nach Hause.

Lediglich im Hochsommer zur Ernte wenn alle Hände gebraucht wurden, waren sie einige Wochen am Stück daheim. Ihr Bruder Franz, der zum Holzfällen viel zu schmächtig war, half auf den größeren Bauernhöfen bei Bedarf als Taglöhner aus, was aber nicht viel einbrachte. Ansonsten mussten Mutter, Ernestine und auch Agnes alle anfallenden Arbeiten alleine bewältigen.

An Arbeit mangelte es auf solch einem Häuslerhof, mit drei Kühen, einem Schwein und einer Schar Hühnern beileibe nicht. Davon gab es wahrlich mehr als genug und so wurden auch die kleineren Geschwister in die täglichen Aufgaben miteingebunden.

Nun waren wieder die unruhigen Tage angebrochen und die Sorgenfalten in Mutters Gesicht vertieften sich mit jedem Pirschgang mehr.

Bisweilen waren sie tagelang verschwunden, da sie bis in die weiter südlich gelegenen Wälder vordrangen, die dem Fürsten zu Schwarzenberg gehörten, und tauchten dann völlig verdreckt und abgerissen wieder auf. Manchmal brachten sie auch ein oder zwei Birkhühner mit, die es an den morastigen Randgebieten nördlich von Innergefield gab.

Selten hatten sie ein Stück Wildbret dabei, und wenn, dann wurde es immer schnellstens gebraten und verzehrt. Der übriggebliebene Rest wurde in feuchtes Leinen, das in Salzwasser getaucht war, eingepackt und von ihnen als Wegzehrung wieder mitgenommen. Sie kamen und verschwanden in diesen späten Herbsttagen, wie es ihnen beliebte.

Nur im Winter, wenn die Wege unpassierbar wurden, atmete Mutter sichtlich erleichtert auf. Die Stube war dann bis in den letzten Winkel mit Holzspänen angefüllt.

Die „Hoazlbank“[7] nahm dann noch zusätzlich Platz neben der Türe ein. Rechen, Heugabeln, Sensen- und Sichelgriffe und sonstige Gebrauchsgegenstände wie Kochlöffel oder Stiele für die Äxte, Holzschuhe und sogar Butterfässer wurden handgefertigt. Vater hatte dafür geschickte Hände und im Frühjahr versuchte er das meiste davon auf

7 Schnitzbank

dem Markt in Neugebäu zu verkaufen, wobei der Erlös oft spärlich ausfiel.

Das Holz dafür, wurde freilich klammheimlich aus den schon geschlagenen Beständen des Forstwaldes geholt, was auch nicht ganz ungefährlich war, aber Vater beharrte darauf, auf die paar Stämme käme es in diesen endlosen Wäldern auch nicht an. Allerdings wurde Holzfrevel ebenfalls schwer bestraft.

Im angrenzenden Verschlag neben dem Stall war sogar eine Hobelbank untergebracht, die noch vom Großvater stammte.

Dieser besaß beachtliches Geschick darin, Bänke, Stühle und sogar Tische anzufertigen, was ihnen den Hausnamen „Tischler" einbrachte. Die Eckbank im Herrgottswinkel, ein offener Geschirrkasten, die Gewandtruhe und der Tisch mit der schweren Ahornplatte zeugten noch von seinem handwerklichen Können. Seine begehrten Arbeiten bescherten damals der Familie ein gutes Einkommen. Aber dies war lange her und seit Großvater gestorben war, fristete die Hobelbank samt Werkzeug ein verstaubtes Dasein. Nur Johann, ihr vier Jahre älterer Bruder, verbrachte in der letzten Zeit die Sonntagnachmittage in dem Verschlag, aber Ernestine interessierte es nicht besonders, was er da so trieb.

Der kostbarste Besitz der Familie war das Federvieh.

Dies war eine beachtliche Schar schneeweißer Gänse, davon ein Ganter aus der sogenannten „Emder Zucht"; eine der ältesten und größten Gänserasse, die besonders in Böhmen und Ungarn verbreitet war. Nach einem halben Jahr Weidemast, nur ab und zu mit Hafer zugefüttert, betrug ihr Gewicht stattliche acht bis zehn Kilo. Mit ihren langen schwanengleichen Hälsen waren sie besonders in Bayern begehrt.

Die einzige Einnahmequelle, die ihre Mutter besaß, wobei das Geld davon oft nur für die notwendigsten Anschaffungen reichte. Starb eines der Kinder, wie letztes Jahr im Winter die kleine Elsa vier Wochen nach der Geburt, so wurde nicht viel Aufhebens davon gemacht.

Drei Monate später hatte Vater ihrer Mutter schon wieder ein „Fürtuch angemessen“[8] und ihr abgehärmtes, schmales Gesicht wurde noch um einige Kanten härter.

Ernestine verachtete ihren Vater dafür.

Wieder die geheime Angst, Mutter könnte die Geburt nicht überstehen. So wie die Franzenbäuerin, die beim letzten Mal; dem fünften Bankert innerhalb von sieben Jahren, binnen einer Woche an ihrem Fieber verglüht war. Im Dorf sagen sie, der Franzenbauer hätte sich schon vier Wochen später eine Mährische ins Haus geholt, weil die fünf Halbwaisen eine Mutter brauchten, aber die Leute reden so manches.

Bald ging es auf Martini zu und in den nächsten Tagen würden mit Sicherheit die bayerischen Händler auftauchen, die wie jedes Jahr die Gänse aufkauften. Sie boten von Jahr zu Jahr weniger, um ihren eigenen Profit zu mehren, aber Ernestine war nicht gewillt, dieses Jahr nachzugeben, zu mühsam gestaltete sich die Aufzucht, ständig darauf bedacht möglichst keines der Viecher einzubüßen.

Das ganze Jahr über wurden sie gefüttert und aufgepäppelt, um sie zum Schluss als fette Braten ins Bayerische zu verkaufen.

Noch nie hatte Ernestine erlebt, dass wenigsten eine einzige davon behalten worden wäre, um die hungrigen Mäuler mal mit Gänsebraten zu stopfen. Sie versuchte sich den Geschmack vorzustellen, fett und fleischig mit brauner, rescher Kruste, vielleicht mit einer Füllung aus den säuerlichen Äpfeln, die zu Unmengen auf der Streuwiese herumlagen.

Äpfel und Kartoffeln!, dachte sie ernüchtert, davon haben wir dieses Jahr wenigstens genügend. Aber reichte das zum Leben?

Es wurde Zeit die verhasste Ofentüre aufzumachen, die Glut herauszukehren und die Brotlaibe zu holen. Aber dazu brauchte sie nun die Hilfe der Mutter, alleine war dies nicht zu schaffen. Sie würden die Strecke, der Backofen befand sich aus Sicherheitsgründen etwas entfernt vom Haus, einige Male zurücklegen müssen, um alle Laibe zum Ofen zu bringen. Nach etwa zwei Stunden waren dann die Brote fertig.

8 böhmischer Ausdruck für Schwangerschaft

Vater würde sowieso ungehalten sein, wenn die Kartoffeln nicht rechtzeitig zum zweiten Frühmahl auf den Tisch standen, denn vormittags um neun Uhr, gab es Kartoffeln und Milch. Morgens um sechs nach der Früharbeit nur eine Roggenmehlwassersuppe mit etwas Rahm darin, falls vorhanden. Mittags oft eingelegtes Kraut mit Kartoffeln oder Kartoffelsterz[9] mit saurer Milch. Kartoffelsuppe mit einer dicken Einbrenne aus Mehl und Schweineschmalz und süßes Weißkraut. Nur an Feiertagen wurden Hefebuchteln gebacken, mit einer Füllung aus eingemachtem Mus von den Zwetschgen, die im Herbst wie blaue Zapfen an den Bäumen hingen.

Manchmal gab es Löffelknödl aus dem dunklen Roggenmehl mit einer Schwammerlsoße, die ihre Mutter aus den Steinpilzen und Rotkappen, die reichlich unter den Gehölzen zu finden waren, besonders schmackhaft zuzubereiten wusste. Ernestine ging ungern allein in den angrenzenden Wald, man konnte sich darin leicht verirren. Zu urwüchsig erstreckte er sich endlos nach Norden.

Ihren Brüdern war es ziemlich egal, was auf dem Tisch stand, Hauptsache, es füllte ihre immer hungrigen Mägen. Wie? Das blieb der Mutter und ihr überlassen.

Der kleine Verschlag neben dem Schweinekoben war auch noch herzurichten, zumindest frisches Stroh aufzuschütten. Sicher wollten die Bayerischen wieder wie letztes Jahr über Nacht bleiben. Wo sie dann die ganzen Gänse sammelten und wie sie diese über die Grenze nach Bayern hinüberbrachten war ihr ein Rätsel, aber im Grunde war es ihr auch völlig gleichgültig.

Sie fragte sich sowieso jedes Jahr erneut, warum sie die Gänse unbedingt aus dem Böhmischen holten. Vielleicht werden die ihren nicht so fett, weil sie ihre Kinder besser füttern, dachte sie mit einem Anflug von Bosheit.

Sie selbst war noch nie jenseits der Grenze.

Aber der „Zeisl-Martl", der jedes Jahr im Frühjahr mit seiner hölzernen Buckelkraxe, die alles enthielt, was er zum Schärfen und Schränken

9 Kartoffelschmarren

der Sägeblätter brauchte, durch die Lande zog und als Sugfala[10] den Holzhauern und Häuslern seine Dienste anbot, konnte in den höchsten Tönen davon schwärmen.

Hügel so sanft und grün, Wiesen voll weißer und gelber Blüten.

In dem rauen Klima von Planie wuchsen so gut wie keine Blumen, deshalb hatten sich die Kaltenbacher darauf spezialisiert, Blumen aus Krepppapier in den verschiedensten Farben anzufertigen, die den Herrgottswinkel in der Stube und sogar die Gräber schmückten. Diese waren im ganzen Böhmerwald begehrt.

Ernestine lauschte immer wie gebannt seinen lebhaften Schilderungen.

Die Häuser waren im Erdgeschoß gemauert und sogar manchmal mit weißem Kalk getüncht. Im oberen gezimmerten Block, ging der Schroud[11] die ganze Giebelseite entlang. Vor den Anwesen befanden sich kleine eingezäunte Gärten, in denen es im Sommer blühte und grünte und es wehte kein so eisiger Böhmwind, der einem durch Mark und Bein ging, bis ins Herz hinein.

Traumverloren ließ sie den Blick nach Westen schweifen und in ihrer Vorstellung wurde das Land hinter dem unendlichem schwarzen Waldmeer zu einer Sehnsucht, die ihr ganzes Sein erfüllte …

„Gibt es in dieser Wirtschaft heute noch etwas zu essen?"

Ernestine zuckte unter den scharfen Worten ihres Vaters zusammen. Sie spürte, wie sich ihr Rückgrat versteifte und begehrte auf: „Ich hab auch nur zwei Hände!"

Missmutig starrten sie die dunklen Augen aus dem stoppelbärtigen Gesicht ihres Vaters an.

„Wir müssen heute Vormittag noch weg!"

---

10 Sägenfeiler
11 halboffener Balkon

„Lass doch wenigstens den Franz da!“ Marianna, Ernestines Mutter, die gerade mit einem Kübel Brunnenwasser durch die Tür trat, runzelte sorgenvoll die Stirn.

„Vielleicht kommen heute die Bayerischen um die Gänse, außerdem ist noch jede Menge Holz für den Winter zu spalten. Wer soll denn die ganze Arbeit machen? Ich kann …“, mutlos versagte ihr die Stimme.

„Morgen ist auch noch Zeit für das Holz, das läuft mir nicht davon. Aber der Bock, den wir gestern ausgemacht haben, wechselt vielleicht heute noch das Revier und ist somit außer Reichweite. Ich brauche sie alle drei dabei!“

Der unnachgiebige Tonfall seiner Stimme veranlasste sie, sich ohne eine weitere Entgegnung auf die Suche nach ihren Söhnen zu machen.

“Wie läufst du eigentlich wieder herum?“

Ärgerlich musterte Lorenz seine Älteste und schob mit einer unwirschen Geste den Hafen Milch beiseite, den ihm Ernestine gerade einschenkte, wobei sich ein Schwall davon auf die blank gescheuerte Tischplatte ergoss.

„Schaust aus wie eine von den Zigeunern, mit deinen dreckigen Füßen und den zerrupften Haaren. Für was hab ich dir im Winter Nöischla[12] gemacht, he?“

„Sie drücken, die Schuh!“

Ernestine begann mit einem Lappen die verschüttete Milch aufzuwischen.

„Ich möchte gern lederne, solche wie die Schandl-Martha, bekannte sie mit einem Hauch von Trotz in der Stimme.

„So!, lederne will das ‚Mesch‘ [13], lederne – wo wir alle froh sein müssen, wenn wir was zu beißen haben!“ Seine Stimmlage schwoll bedenklich an.

„Ich rackere mich Tag und Nacht für euch ab und das ist anscheinend immer noch nicht genug. Willst wohl fein daher steigen, hast gar einen Hochzeiter im Sinn. Aber das eine sag ich dir, schlag dir solche

---

12 Holzpantinen mit Lederoberseite

13 Meinsch, Mensch, Mesch = böhm. Schreibweise u. Ausdruck für Mädchen

Flausen aus dem Kopf! Bevor du an einen Burschen überhaupt nur denken kannst, läuft noch viel Wasser den Berg hinunter."

Erschöpft hielt Lorenz mit hochrotem Gesicht inne. Er wusste selbst nicht recht, was in ihn gefahren war, um solch eine Schimpftirade loszulassen. Geräuschvoll begann er seine Milch zu schlürfen.

Ernestine stand wie versteinert.

Sie begriff überhaupt nicht, warum der Vater so aufgebracht war. Sie rannte doch die meiste Zeit barfuß herum und ihre langen Flechten waren schon seit ihrer Kindheit schwer zu bändigen. Er müsste es doch eigentlich am besten wissen. Schließlich war er es, der sie mit der Schere aus dem Apfelbaum befreite, als sie sich mit ihrer dunklen Mähne in den Zweigen verfing.

„Hochzeiter, ich hab keinen Hochzeiter", verteidigte sie sich schwach.

Ich wollt, es gäbe einen, schoss es ihr durch den Sinn. Den erstbesten würde ich nehmen, um überhaupt von hier wegzukommen, den erstbesten! Na ja, nicht ganz, schränkte sie insgeheim vorsorglich ein. Den Hudler-Martin würde sie bestimmt nicht nehmen.

Beim Maitanz in diesem Jahr; sie durfte zum ersten Mal mit Vater und ihrem ältesten Bruder Johann zum Dorffest nach Neugebäu gehen, holte sie der Martin gleich dreimal hintereinander zur Polka. Ihr gefiel das Drehen und Stampfen auf dem hölzernen Tanzboden, der unter dem Maibaum aufgeschlagen war. Aber als sie der Martin bei den Drehungen immer enger an sich zog und mit der linken Hand grob an ihre Brust fasste, war es vorbei mit der Herrlichkeit. Erst gab sie ihm eine Ohrfeige, die auf seiner ohnehin hochroten Wange drei noch rötere Striemen hinterließ und daraufhin packte ihn Vater beim Kragen und beförderte ihn kurzerhand von der Tanzfläche. Seitdem wurde nie wieder ein Wort über Tanzen oder sonstige Kurzweil verloren.

Eigentlich schade, dachte sie. Die Musik war ihr ins Blut gefahren und noch heute glaubte sie manchmal ein schwaches Echo dessen zu spüren, wie der Boden unter ihren Füßen vibrierte. Damals war Vater auf dem Heimweg wortlos neben ihr hergestapft und seine verkniffene Miene erfüllte sie mit wachsendem Unbehagen. So hatte sie ihn früher nie erlebt und heute führte er sich wieder so unverständlich auf.

Als ob sie wunder was verbrochen hätte, dabei war Mutter diejenige, die ihr von dem diesjährigen Gänsegeld endlich anständige Schuhe versprochen hatte.

Zum Kirchgang musste sie notgedrungen mit denen ihrer Mutter vorlieb nehmen, für die der weite Weg nach Neugebäu momentan sowieso zu beschwerlich war. Ihre eigenen waren ihr seit längerem schon zu klein und wurden jetzt von Agnes getragen.

Im Grunde genommen war es ihr gleichgültig, rannte sie doch die meiste Zeit barfüßig herum. Die alten Schuhe hatten ihr sowieso nie richtig gepasst und die von ihrer Mutter drückten etwas an den linken Zehen. Aber Mutter hatte versprochen …, hier brachen ihre Gedankengänge abrupt ab.

Finster betrachtete sie den Mann am Küchentisch, dessen Schlürfen das einzige Geräusch war, das die angeblich so friedliche Morgenstille durchbrach. Aber er schien sie nicht mehr zu bemerken, als wäre die heiße Milch in seinen Händen das einzig Wichtige für ihn. Nur ein ganz genauer Beobachter hätte erkannt, dass seine Hände den Topf so fest umklammert hielten, als wolle er ihn zerbrechen.

Polternde Schritte waren von draußen zu hören, Holzschuhe krachten gegen eine Wand und die Stubentür wurde mit einem Ruck aufgerissen.

„Heute geht´s dem Bock an den Kragen!“

Karl, der Zweitälteste von den Hawlikbuben strahlte vor Vorfreude auf das vermeintliche Abenteuer über das ganze Gesicht.

Sein brauner Haarschopf hing ihm wie üblich wirr und ungekämmt in die zusammengekniffenen Augen, die dieselbe dunkle unergründliche Farbe besaßen, die auch seinem Vater zu eigen war. Er reichte diesem mit seinen knapp sechzehn Jahren bereits bis an den Haaransatz und es würde nicht mehr lange dauern, bis er ihn an Körpergröße überragte.

Mit einem breiten Grinsen setzte er sich auf die Längsseite der Eckbank, die sich unter den kleinen Fenstern an der Wand entlang zog.

„Wo bleibt das Frühmahl für einen schwer arbeitenden Mann?“

Ernestine knallte ihm wortlos einen Hafen Milch und eine dampfende Kartoffel vor die Nase.

„Wenn du hinterm Haus den großen Haufen Holz hacken würdest, dann wäre dieser Ausspruch gerechtfertigt. Aber so – sehe ich keinen Schwerarbeitenden, und ein Mann bist du noch lange nicht!"

„Oho, Schwesterchen hat heute wieder Haare auf den Zähnen", feixte Karl und bleckte dabei mit seinen Zähnen wie ein Ackergaul in ihre Richtung.

„Hört´s mit eurer Streiterei auf." Marianna schob sich seufzend hinter Johann, dem ältesten der Söhne durch die Stubentür.

„Es ist immer das gleiche mit euch beiden, dauernd liegt ihr euch in den Haaren."

„Sie hat die längeren", spöttelte Karl erneut, verstummte aber beim Anblick der finsteren Miene seines Vaters und machte sich ebenso geräuschvoll über sein Morgenmahl her.

Johann nahm von den gewohnten Querelen nicht die geringste Notiz. Er war um vier Jahre älter als Ernestine und würde einmal den Hof übernehmen. Um fast eine ganze Handbreit größer als sein Vater, dafür in den Schultern um einiges schmäler, glich er mit seinen helleren Haaren und der geraden Nase eher seiner Mutter, wenngleich er ebenfalls die dunklen Augen seines Vaters geerbt hatte. Sein hageres Gesicht mit den dichten Brauen zeigte in den letzten Tagen immer öfter einen grüblerischen Ausdruck, den niemand so recht zu deuten wusste. Jetzt schob er mit einer energischen Handbewegung die Kartoffeln beiseite, die ihm Ernestine hinstellte.

„Ich gehe heute nicht mit!" Der entschlossene Tonfall riss Lorenz aus seiner Versunkenheit.

„Was soll das heißen, du gehst nicht mit! Ich brauche euch heute alle drei!"

Der übellaunische Einwand lies Johann zusammenzucken, aber dann strafften sich unmerklich seine Schultern und er blickte seinem Vater offen ins Gesicht.

„Ich will mit der ganzen Wilderei nichts mehr zu tun haben und ich gehe auch nicht mehr so oft in die Wälder zum Holzschlagen. Ich werde mir eine andere Einnahmequelle verschaffen!“

Ungläubig musterte Lorenz seinen Ältesten.

„Und von was willst du leben, he?“

„Ich hab mir die Hobelbank und das Werkzeug vom Großvater hergerichtet, ich werde die Tischlerei wieder anfangen!“

Lorenz verzog spöttisch den Mund.

„Die Tischlerei muss man lernen, so was fliegt einem nicht von selbst zu. Vater hätte es dir beibringen können. Ich …“, hier brach er unvermittelt ab. Es stimmte, die Holzfällerarbeit war eine einzige Schinderei und brachte nicht viel ein, es reichte mehr schlecht als recht zum Leben. Als Vater noch lebte, war es ihnen allen besser ergangen. Nachdenklich musterte er seinen Ältesten.

Vielleicht gab es eine Möglichkeit jemanden zu finden, der ihm diesbezüglich wenigstens die Grundkenntnisse beibrachte. Er selbst hatte zwar früher in jungen Jahren seinem Vater oft geholfen, aber die Fertigkeit, um damit Geld zu verdienen, nie erreicht. Als dieser dann starb, war das wenige, was er sich aneignen konnte, in Vergessenheit geraten. Vielleicht war das Ganze doch kein Hirngespinst seines Sohnes. Dieser hatte schon oft sein handwerkliches Geschick, im Gegensatz zu seinen beiden Brüdern, beim Anfertigen von Holzgegenständen bewiesen. Er würde dies alles in Ruhe überdenken.

„Wir reden darüber, aber diesmal brauche ich dich noch dabei.“ Seine Stimme klang ungewöhnlich bittend und Johann starrte ihn nur verwundert an, um dann einverstanden zu nicken.

„Wo bleibt denn Franz wieder so lange?“

Ärgerlich starrte Lorenz auf die von Alter und Rauch dunkel gebeizte Stubentür, als würde der soeben genannte allein durch den missmutigen Ausdruck seiner Augen wie durch Zauberhand erscheinen.

Als hätten diese wirklich die Kraft, die dunklen Bohlen zu durchdringen, kam im selben Moment der Jüngste des Trios zur Tür hereingeschlurft.

„Geht es heute schon wieder in den Wald?“

Franz verzog mürrisch die Mundwinkel nach unten und schob sich neben Karl auf die Bank.

„Kannst ja daheim bleiben und Holz hacken, wenn dir das Ganze zu mühsam ist“, erwiderte Lorenz ungerührt und musterte ihn nachdenklich.

Er war im Gegensatz zu seinen älteren Brüdern etwas zu klein geraten, aber seine geschmeidige Gestalt glich diesen vorläufigen Mangel voll aus. Niemand konnte sich so sicher und lautlos im Dickicht bewegen wie er und seine Augen sahen selbst noch in der Nacht mehr, als andere bei Tag.

Für Lorenz war er auf seinen Streifzügen unentbehrlich geworden. Freilich fehlte ihm die Kraft seiner älteren Brüder, auf deren Stärke sie beim Beiseiteschaffen des Wildes und bei den schweren Lasten der Grenzgänge angewiesen waren. Aber in Ausdauer und Gewitztheit konnte sich Franz selbst mit den erfahrenen Grenzgängern messen.

Eigentlich war er mit seinen knapp vierzehn Jahren fast noch zu jung für solche gefährliche Unternehmungen und einen flüchtigen Augenblick überlegte er ernsthaft, ihn daheim zu lassen. Marianna konnte wahrlich etwas mehr Hilfe brauchen, aber dann verwarf er den Gedanken sofort wieder. Jede zusätzliche Hand war heute wertvoll und außerdem sahen acht Augen mehr als sechs.

Sie würden den ganzen Tag unterwegs sein und falls sie den Bock wirklich aufstöberten, war Eile vonnöten. Hoffentlich befanden sich die „Zdikauer-Heger“ in den weiter südlich gelegenen Waldgebieten. Er hatte nicht die geringste Lust in ihre Hände zu fallen und Jahre im Gefängnis zu schmachten.

Vom Äußeren unterschied sich Franz nicht besonders von seinen Brüdern. Die gleiche ungebändigte braune Haarmähne, die gleichen unergründlichen Augen. Was sollte nur aus diesem Sohn eigentlich werden? Zum Holzfällen eignete er sich jedenfalls nicht und sonst gab es in der Gegend von Planie fast keine Möglichkeiten. Er würde auch dies in aller Ruhe überdenken, aber erst nachdem er diesen, hoffentlich einträglichen Pirschgang hinter sich gebracht hatte.

Ernestine legte sorgsam einige der noch heißen Erdäpfel auf die blank gescheuerte Tischplatte und schob sie vor die Finger ihres Vaters.

Die vielen dunklen Ringe und Flecken ließen sich zwar nie ganz restlos entfernen, aber ihre Mutter bestand darauf, gleichgültig wie viel Arbeit sonst noch anfiel; die Oberfläche musste einmal in der Woche mit heißem Wasser, Aschenlauge und der groben Wurzelbürste behandelt werden. Wenn sie auch sonst über viele Dinge hinwegsah, diesbezüglich war sie unerbittlich.

„Wann ist endlich das Brot fertig? Wir brauchen Wegzehrung", begehrte dieser auf. „Obwohl! Soll ich durch mein lautes Pfurzen etwa die Grenzer anlocken?"

Unwillkürlich überzog ein belustigtes Lächeln seine gut geschnittenen Gesichtszüge und mit einem flüchtigen schuldbewussten Blick auf seine Frau, deren gewölbter Leib ihm sichtliches Unbehagen bereitete, schob er sich eine halbe Kartoffel samt Schale in den Mund.

Lorenz betrachtete grüblerisch seine Söhne der Reihe nach. Er wusste nicht, was in ihnen vorging, aber was wusste er überhaupt von seinen Kindern?

Sie waren gekommen – der Reihe nach, fast jedes Jahr ein anderes und mit der Zeit wuchsen ihm die Schwierigkeiten sie zu versorgen, beinahe über den Kopf.

Verstohlen musterte er Ernestine, die am Herd stand und ihre Haare jetzt unter einem verblichenen grauen Kopftuch verborgen hielt. Der schwache Widerschein des Feuers erhellte ihr Gesicht. Ihr Profil, das dem seinen, einschließlich der eigenwilligen Linie ihres Kinns, so sehr ähnelte, rührte ihn irgendwie tief im Herzen an.

Er wusste, er war zu barsch, zu grob gewesen. Aber seltsamerweise brachte ihn der Gedanke sie jetzt schon an einen Mann zu verlieren, jedes Mal in Rage. Sie war noch viel zu jung dafür, obwohl, wenn er es genau betrachtete, viele in ihrem Alter waren bereits in festen Händen. Er verstand selbst nicht, was da in ihm vorging. Marianna stand ebenfalls am Herd. Sie rührte in einem großen Kessel den Trang[14] für das einzige Schwein, das sich im Stall befand.

Schuldbewusst ließ Lorenz seinen Blick über deren Wölbung streichen. Sie war schon wieder guter Hoffnung und er fühlte Widerwillen gegen sich selbst aufsteigen, weil er sich nicht beherrschen konnte und immer noch gerne in ihr Bett stieg. Warum wurde sie auch gleich jedes Mal schwanger!

Arbeit gab es auf dem Hof genügend, aber er liebte die Freiheit der endlosen Wälder, die jetzt im Spätherbst voll Wild waren, das nur darauf wartete erlegt zu werden. Außerdem brachte das Paschergeschäft ein einträgliches Zubrot ein.

Manchmal war aber auch alles vergebens, so wie vor drei Wochen, als die Grenzer sie beinahe erwischten und sie die schweren Tragkörbe nur noch eiligst unter den weitverzweigten, verfilzten Himbeerstauden verstecken konnten, um ohne die schweren Lasten entkommen zu können. Zwei Tage lang suchten die Grenzer die ganze Umgebung ab und Lorenz getraute sich nicht, sich von Grund und Boden zu entfernen, mimte den fleißigen Häusler. Es gab Arbeit genug, so war es ja nicht. Das Holz, das noch gehackt werden musste, um die richtige Größe für den Ofen zu haben, lag haufenweise ums Haus. So blieb er denn gezwungenermaßen daheim und Marianna war froh, ihn unversehrt bei sich zu wissen.

Nach einigen Tagen, als sich alles beruhigt hatte, suchten sie geschlagene drei Stunden nach der Schmuggelware. In der Eile, den Zöllnern zu entkommen, hatten sie, zumindest Lorenz, die Orientierung verloren. Nur Franz mit seinem unglaublichen Spürsinn war es zu verdanken, dass sie die Ware fanden. Leider war in der Nacht davor heftiger Regen gefallen. Obwohl alles in dichte Leinensäcke verpackt war, wurde der ganze Tabak feucht. Tagelang war die Stube von dem strengen Tabakdunst durchdrungen, bis alles getrocknet war. Die Qualität hatte dadurch erheblich gelitten und so erzielten sie nur einen Bruchteil des zu erwartenden Preises.

---

14 Futtergemisch

Heute nun wollte er in den Hochwald, der sich entlang den morastigen Sumpfflächen von Innergefield nach Norden zog. Lorenz besaß ein gutes Gewehr, das er sich schon vor etlichen Jahren zulegte. Früher hatte er für solch abenteuerliche Streifzüge nicht viel übrig. Er war lieber auf Festen und in den Wirtshäusern als gern gesehener Musikant zu finden. Keiner konnte eine Polka so mit Inbrunst spielen wie er und die Mädchen warfen dem gutaussehenden Burschen mit dem dunklem Haar, mehr als nur verstohlene Blicke zu.

Aber dann kam Marianna und das Vagabundendasein war vorbei.

Anfangs spielte er noch manchmal für sie, auf der Hausbank oder am Abend in der Stube. Aber als die Kinderschar von Jahr zu Jahr anwuchs, tauschte er die heißgeliebte Ziehharmonika gegen das Gewehr ein. Gespielt hatte er seitdem nie mehr wieder.

Unwillkürlich betrachtete Lorenz seine Finger. Sie besaßen sowieso nicht mehr diese Geschmeidigkeit von früher, um in die Tasten zu greifen. Sie waren hart und schwielig geworden – und es war gut so.

Was sollte er noch mit einer Harmonika? Das war vorbei!

Vergangene Zeiten – vergangene Träume. Das Leben war hart und Musik hatte darin keinen Platz.

Erschöpft wischte sich Ernestine den Schweiß von der Stirn.

Seit über einer Stunde stand sie hier draußen vor dem großen Holzhaufen und versuchte mit dem schweren Handbeil die mehr oder weniger dicken Stecken zu zerkleinern.

Eigentlich war dies Männerarbeit, aber wer wusste schon, wann Vater und ihre Brüder wieder aus den Wäldern auftauchten, heute, morgen oder erst in ein paar Tagen. Erneut nahm sie einen der kleineren Rundlinge in die Hand und legte ihn sich fachgerecht auf dem Holzstock zurecht. Besaß sie auch nicht die Kraft eines Mannes, reichte doch die Erbitterung heute in ihr aus, um sich ein Ventil zu schaffen und so hieb sie mit aller Wucht auf die Scheite ein, sodass die Späne nach allen Seiten flogen.

Weg, weg, weg – dröhnte der Widerhall der Axt in ihren Ohren, drang ihr ins Blut und ließ sie nur noch wilder auf das Holz eindreschen.

Wieder einmal, wie unzählige Male zuvor, wanderte ihr Blick gedankenverloren empor zum höher gelegenen Waldrand, als könnte zwischen den dichten Stämmen wie durch Zauberhand eine dieser sagenumwobenen Gestalten auftauchen, von denen die Ahnl[15] ihr als Kind immer erzählte. Einer auf einem hellen Falben, der sie hochhob und mitnahm in ferne Gefilde.

Aber der Waldrand blieb leer und nur eine Krähe erhob sich mit lautem Krächzen, um über die Wipfel zu flattern.

Niedergeschlagen lehnte Ernestine die Axt an die Scheunenwand und begann die umherliegenden Stöcke mühsam aufzusammeln.

Ihre Wut war verraucht. Sollten sich doch ihr Vater oder ihre Brüder um das restliche Holz kümmern, schließlich besaßen die kräftigere Arme als sie.

Für heute würde es wohl reichen, um eine warme Suppe oder Kartoffeln zu kochen.

Und morgen? Morgen war morgen.

Was scherte es sie, was morgen war!

Mit einem letzten sehnsüchtigen Blick auf die hoch aufragenden Baumwipfel, die dessen ungerührt ihr geheimnisvolles Schattenspiel weiterhin auf den oberen Hang warfen, wandte sich Ernestine dem Hauseingang zu. Die vollgefüllte Holzschwinge mit beiden Armen fest an sich pressend betrat sie das dämmrige Vorhaus[16].

Mit ihrer nackten Ferse gab sie der hölzernen Tür einen kräftigen Stoß und diese fiel hinter ihr krachend ins Schloss, als seien damit ihre Träume endgültig begraben.

---

15 Ahnl oder Ahndl = Großmutter, kommt von Ahne, Ahnfrau.

16 Hausflur mit Steinplatten

Aufbruch –
Lass die Vergangenheit
hinter dir
wie flüchtigen Nebel –
gehe mutigen Schrittes
über den Strom der Zeit
zu neuen – sonnigen
Ufern.

Paul 1878

Fluchend saß Paul auf der kleinen Böschung neben dem Wegrand und betrachtete unwillig seine rechte nackte Ferse. Den Stiefel hatte er gerade verärgert in das naheliegende Gestrüpp geworfen, wo er sich an einem abgebrochenen Ast verfing.

Er verwünschte sich selbst, dass er für diesen langen Marsch die klobigen Schaftstiefel von Jakob angezogen hatte. Sein Onkel besaß zwar in etwa seine Schuhgröße und der Linke war bequem ausgetreten, doch der Rechte saß von Anfang an etwas zu fest. Wie kann ein Mensch nur so verschieden große Füße haben, sinnierte Paul griesgrämig vor sich hin.

Heute ging alles schief! Seit fünf Uhr morgens war Paul schon unterwegs.

In Finsterau beabsichtigte er sich mit den anderen Händlern und Treibern zu treffen, um gemeinsam mit ihnen am nächsten Tag bei Buchwald ins Böhmische zu wechseln und so ziemlich alles, was weiß war und Flügel besaß – oder einer Gans nur im entferntesten ähnlich sah – aufzukaufen.

Den ersten Abschnitt wollten der Schauer Wigg[17], der schon seit einigen Jahren zu den Treibern gehörte, mit Paul die doch beachtliche Strecke von fast vierzig Kilometer gemeinsam bewältigen. Aber als er heute in aller Früh in Alt-Reichenau an dem vereinbarten Treffpunkt eintraf, war Wigg nicht da und so musste er notgedrungen den Umweg zu seinem einschichtigen Häusl machen.

Auf der Einfahrt kam ihm der schon mit einem Stecken entgegengehumpelt.

Eine Kuh war ihm am Abend zuvor beim Füttern so heftig auf den Fuß getreten, dass er diesmal auf keinen Fall mitgehen konnte. So machte sich Paul notgedrungen allein auf den Weg.

Anfangs kam er recht gut voran, schließlich kannte er die Strecke noch vom letzten Jahr. Aber es zog sich schon seit Stunden eintönig

17 bayerisch. Abkürzung für Ludwig

dahin; Saghäuser, Vorderfreundorf, Fürholz, an Freyung vorbei Richtung Mauth, immer gegen Mitternacht[18] zu.

Zu zweit wäre es jedenfalls unterhaltsamer. Der Wigg kam in der ganzen Gegend bis Lackenhäuser herum und wusste so allerlei zu erzählen. Paul erfuhr höchstens am Sonntag nach dem Kirchgang das Nötigste. Unter der Woche verirrte sich selten jemand auf den Jògowerlhof und für Kurzweil war vor lauter Arbeit sowieso keine Zeit.

Nun saß er in dieser Einöde mutterseelenallein auf dem etwas klammen Grasboden und starrte missmutig vor sich hin. Der Wald vor ihm, erstreckte sich noch eine beachtliche Länge nordwärts. Die für Ende Oktober ungewöhnlich warme Herbstsonne durchdrang kaum den hohen Baumbewuchs und nur vereinzelt blitzte zwischen den dunklen Wipfeln ein Fetzchen Himmelsbläue auf.

Seinem knurrendem Magen nach, ging es auf Mittag zu und somit konnte er genauso gut, wenn auch gezwungenermaßen, ein Stück vom Rauchfleisch und eines von den etlichen Schmalzbroten, die ihm seine Mutter Kreszenz in aller Herrgottsfrüh noch in den Rucksack gepackt hatte, verzehren.

Prüfend betrachtete Paul die inzwischen fast auf Zwetschgengröße angeschwollene Blase, die ihn bereits die ganze letzte Stunde am zügigen Ausschreiten hinderte, und jetzt der Grund für seine unfreiwillige Rast war.

Kurz entschlossen zog er seinen Schnapper[19]; ein Firmgeschenk von seinem Onkel und Göid[20] Josef – der auch schon seit fünf Jahren unter der Erde lag – aus der Innentasche seiner an den Ärmeln schon etwas abgewetzten dunklen Lodenjoppe hervor.

Den schwarzen Schirm, ebenfalls ein Präsent zur Firmung, hatte er schon vor etlichen Jahren, beim sonntäglichen Frühschoppen und nach der dritten Halbe des dunklen, süffigen Bieres, in der verräucherten Wirtsstube zu Neu-Reichenau vergessen. Irgendjemand aus der Gemeinde erfreute sich nun bei strömenden Regen an seiner

18 Norden
19 Taschenmesser, Klappmesser
20 Firmpate

Schusseligkeit. Ihm sollte es recht sein. Wozu brauchte ein gestandenes Mannsbild einen Schirm. Nass wurde man nach der Kirche sowieso, aber meistens mehr von innen, als von außen.

Mit sicherem Griff setzte er die Spitze des Messers genau in die Mitte der Blase. Erleichtert fühlte er das Nachlassen des Druckes als sich die farblose Flüssigkeit daraus entleerte. Gleichzeitig begann es aber höllisch zu brennen, da nun die Haut mit dem rohen Fleisch in Berührung kam.

Nun, in diesen Stiefel brachten ihn momentan keine zehn Pferde mehr!

Unschlüssig betrachtete er den engen verwilderten Pfad, der sich zwischen meterhohen verholzten Himbeerstauden und Hartriegelgestrüpp wieder im dunklen Hochwald verlor.

Zurückgehen? Das kam nicht in Frage.

Jedes Jahr gegen Ende Oktober, wurden die Gänse von Händlern, die sie in den Weilern und Gehöften des flachen Thierbachtales bis in das Hochplateau von Planie aufkauften, und den angeworbenen Treibern, in großen Scharen bis zu fünfhundert Stück, aus dem böhmischen Grenzgebiet ins Bayerische heruntergetrieben.

Sie wurden in „Gänswies" in riesigen Pferchen untergebracht und an die Einkäufer der größeren Märkte im unteren bayerischen Wald, sogar bis ins Nachbarland Oberösterreich mit stattlichem Gewinn verkauft. Für Paul war es erst das zweite Mal, dass er sich ihnen anschloss.

In seiner Geldkatze, die er sich vorsorglich mit einem kurzen Hanfstrick an der Innenseite des Hosenbundes festgebunden hatte, befand sich genügend Erspartes, um mindestens vier Dutzend von dem Federvieh zu erstehen. Als Treiber hätte er zwar auch Anspruch auf Entlohnung, die aber so gering ausfiel, dass sich die Strapazen des weiten Weges fast nicht lohnten. Dieses Jahr wollte er versuchen Gänse eigenhändig aufzukaufen, um sie dann herüben gewinnbringend zu veräußern. Außerdem warteten daheim auf dem Hof seine Mutter und seine Tante Theres auf mindestens zehn davon, die sie bratfertig hergerichtet auf dem nächsten Herbstmarkt zu Leopoldi, in Waldkirchen verkaufen wollten. Es ließen sich dabei etliche gute Mark mehr verdienen.

Wenn nur das Schlachten nicht wäre!

Dies war für Paul jedes Jahr von neuem ein Gräuel. Wenn er nur daran dachte, spürte er ein beklemmendes Gefühl in der Magengegend, dass den ganzen Bauchraum auszufüllen schien.

Er wusste noch zu genau, wann er zum ersten Mal dieses bodenlose Entsetzen empfand und fühlte sich bei dem Gedanken daran, heute noch genauso schuldig, als wäre diese unglückselige Begebenheit erst gestern geschehen und nicht vor fast zwanzig Jahren …

Spitzenberg 1859

… Die Sonne brannte unvermindert von einem kobaltblauen Himmel, an dem sich kein einziges Wölkchen zeigte. Es war Ende März und viel zu heiß für diese Jahreszeit. Sogar die verkrusteten Schneeränder in den schattigen Mulden zwischen den hohen Fichtenbeständen waren binnen zwei Tagen restlos verschwunden und nur ein schmaler schmutziger Eisrand erinnerte an den vergangenen abnorm frühen und strengen Winter von 1858.

Paul befand sich an diesem ungewöhnlich warmen Sonntagnachmittag auf dem Weg zu der „Kleinen Michl", einem Bächlein, dass sich an der unteren Grenze ihrer Wiesen und Felder dahinschlängelte. An der rechten Uferseite ging ein Teil der Fläche in einen ziemlich steilen Abhang über, der fast den größten Teil des Tages im Schatten lag.

Hier wurde das Gras nur ein einziges Mal im Spätsommer gemäht.

Es war mühsam auf der abschüssigen Böschung die Sense zu führen und gleichzeitig einen sicheren Stand zu halten. Außerdem war das Gras hier langstielig und mit bitteren Stempflblättern durchsetzt, das die Kühe wohlweislich im Barren[21] liegen ließen. So hatte man es sich angewöhnt, dieses Gefälle ganz zum Schluss zu mähen und das ganze Stängel- und Sauerampfergemisch zum Teil als Einstreu zu verwenden.

21 Futtertrog

Das Bachufer war ziemlich mit Sträuchern zugewachsen und jedes Jahr schimpfte und wetterte Kreszenz, Pauls Mutter, im Frühjahr aufs neue: „Diese Wildnis gehöre endlich gelichtet!"

Aber dann gab es auf dem Hof jede Menge dringender Arbeiten und bis alle etwas aufatmen konnten, war die Böschung im Schatten der Bäume und Sträucher bereits vereist und die ganze Auslichtung wurde auf das nächste Jahr verschoben. Im letzten Jahr hatten zwar seine beiden Onkel, Jakob und Josef, zwei volle Fuhren ausgerodet, aber es war, als würde dies die unzähligen Erlen, Haselsträucher und den roten Hartriegel mit seinen weitverzweigten Schösslingen nur noch heftiger zum Austreiben veranlassen.

Paul rutschte vorsichtig auf seinen Holzschuhen den Hang hinunter, sorgsam darauf bedacht, den Hosenboden seiner einzigen noch brauchbaren Hose aus braunem derben Wollstoff, von der noch etwas feuchten Böschung fernzuhalten.

Zielstrebig bahnte er sich einen Weg durch die Vielzahl der Äste und Ranken, sorgfältig bemüht kein unnötiges lautes Geräusch zu verursachen.

Jedes Jahr im Frühling nistete am gegenüberliegenden Ufer ein Wildentenpärchen. Der Bach mündete an dieser Stelle in einen kurzen Ausläufer, dessen sumpfiges Ende in ein kleines stehendes Gewässer überging, dass jetzt im Frühjahr einen idealen Nistplatz bot.

Forschend musterte Paul den Uferrand des winzigen Weihers, an dessen Randzone die Sumpfdotterblumen in einem fettigen satten Gelb durch das braune abgestorbene Binsen- und Röhrichtgewirr schimmerten.

Für einen flüchtigen Moment glaubte er, eine vage Bewegung wahrzunehmen. Aber so sehr er auch daraufhin seine Blicke über das Durcheinander von Halmen, Zweigen und verdorrten Pflanzenteilen schweifen ließ, es gab nicht das geringste Anzeichen auf irgendein lebendiges Wesen. Ringsherum blieb es friedlich und still. Es war, als hielte die Natur selbst ihren Atem an, ob der ungewöhnlichen Wärme dieses Frühlingstages.

„Seltsam, höchst seltsam", hatte sein Onkel Johann erst gestern vor sich hingemurmelt und war mit einem argwöhnischen Blick auf den tiefblauen Himmel, kopfschüttelnd nach dem Mittagessen im Spitzenbergerwald verschwunden.

Diese für das Frühjahr so unnatürliche Wärme, die an die Augusthitze des vergangenen Sommers erinnerte, dauerte nun schon über zwei Wochen.

Anfangs herrschte eitel Freude darüber, dass die endlos langen, düsteren Wintertage nun endlich der Vergangenheit angehörten. Der letzte Winter hatte schon Ende Oktober mit Frost und starken Schneefällen begonnen und mit unverminderter Heftigkeit angehalten.

Der November war so eisig, dass sie die Hühner nachts in der Stube unter der Fürbank unterbringen mussten, um sie vorm Erfrieren zu bewahren. Niemand konnte sich erinnern, je einen solch frühen Wintereinbruch erlebt zu haben.

Aber als jetzt die Sonne Tag für Tag mit unverminderter Heftigkeit auf das zart sprießende Grün hernieder brannte und die Schneeglöckchen, die Jahr für Jahr die Au am Bach wie weiß getüncht aussehen ließ, im Nu wie durch Zauberhand wieder verschwanden, wurde es allen langsam etwas unbehaglich zumute.

Seine Tante Theres, die immer und überall nur das Schlimmste vermutete, meinte:

“Es bedeutet nichts Gutes, wenn sich die Jahreszeiten umdrehen, das hat schon der Mühlhiasl prophezeit!"

Die angehäuften Schneeberge hinterm Hof schmolzen beim bloßem Zuschauen. Überall schossen Rinnsale voll Wasser herab, bahnten sich ihre Wege über die hängenden Felder und Wiesen, Geröll und kleine Erdklumpen mit sich führend, um sie auf ihrem Weg nach unten irgendwo anzuhäufen.

Paul musste sich jeden Tag nach der Schule, einen Rupfensack vor den Bauch gebunden, der mühseligen Arbeit des Steineklaubens auf den Wiesen widmen. Spätestens nach dem fünfzigsten Stein; er zählte in Gedanken immer leise mit, begann ihn die eintönige Beschäftigung zu langweilen und seine Augen hielten nach allem möglichen Ausschau, nur nicht nach dem Geröll zu seinen Füßen.

Meistens genügte aber ein scharfer Blick oder ein unwilliges Räuspern von seiner Mutter oder Theres, um Paul zu veranlassen sich erneut zu bücken und so fing er seufzend wieder von vorne zu zählen an.

Aber heute war Sonntag, der Tag des Herrn und Paul war nach dem Mittagsmahl sofort durch die niedrige Hintertüre, die sich neben der Streuschütte befand, entschlüpft.

Es gab diesmal nur ein winziges Stück von dem Geselchten, dazu eingelegtes Sauerkraut vom letzten Herbst und die dunklen schweren Kernmehlknödel, die für die nächsten Stunden wie Blei den Magen füllten.

Sein Onkel Josef meinte scherzhaft, diese erinnerten ihn verdächtig an Kanonenkugeln und man könne damit leicht jemand erschießen, was ihm darauf einen gehörig finsteren Blick von seiner Schwester Theres einbrachte. Dabei hatte er noch nie eine Kanonenkugel gesehen, geschweige denn in der Hand gehabt. Er war der Lustigste von seinen drei Onkeln und brachte mit seinen Späßen Paul oft zum Lachen.

Dann war da Johann, der nie viel redete, eigentlich nur anschaffte, was an Arbeit zu erledigen war, wobei Theres oft übellaunig brummte, er solle sich nicht so „aufmandeln", schließlich sei er nur einige Jahre älter.

„Aber Weibersleut zählen nur halb", hielt Johann dagegen.

Am liebsten aber war ihm sein Onkel Jakob. Der konnte die schönsten Geschichten erzählen; von den Dreisesselkönigen, die vor uralter Heidenzeit hoch oben auf den riesigen drei Felsentürmen – es waren drei steinerne Sesseln in den Felsen gehauen – und jeder saß in seinem eigenen Lande, die Grenzen ihrer Länder; Böhmen Bayern und Österreich, bestimmten.

Oder die Geschichte vom Kind im Dreisesselberg (Michael Waltinger – Niederbayrische Sagen), die mochte Paul am liebsten.

Eine Frau ging eines Tages mit ihrem fünfjährigen Mädchen auf dem Dreisesselberg, um für ihre Kuh und die beiden Ziegen Futter zu holen. Bei den aufragenden Felsen am Gipfel des Berges fand sie eine Öffnung im Gestein. Sie schlüpfte mit dem Kind hinein und kam durch einen langen hohen Gang in einen prächtigen Saal, in dem riesige Haufen von Gold und Silber aufgestapelt lagen. Die Frau raffte von den Kostbarkeiten zusammen, was sie nur tragen konnte und brachte es ins Freie. Als sie darauf ihr Kind holen wollte, fand sie den Eingang nicht mehr. Ein Jahr später war sie an der derselben Stelle mit Streurechen beschäftigt. Wieder sah sie sich dabei nach dem Eingang zu jenem unterirdischen Saale um. Wie oft wohl schon in diesem Jahr!

Auf einmal gewahrte sie hinter Dornengestrüpp die lange gesuchte Öffnung.

Sie machte den Zugang frei, ging abermals durch den hohen Gang und sah mitten im Saal ihr Kind auf einem Teppich sitzen und spielen. Hochbeglückt nahm sie es auf ihren Arm und führte es nach Hause. Das Mädchen erzählte ihr, dass jeden Tag drei schöne Frauen zu ihm in den glänzenden Saal gekommen seien, ihm zu essen und zu trinken gebracht und mit ihm gespielt hätten. Auch hätten sie ihm drei Sammetkleidchen gebracht, ein rotes, ein blaues und ein goldfarbenes. –

Dann gab es noch die Sage vom Teufelsstein, der sich auf der Feslwiese gegenüber dem Michlbach am Waldrand befand. In dem großen, schwarzen, verwitterten Stein konnte man bei genauem Hinschauen noch immer den Abdruck von einem Holzschuh, einem Ziegenfuß und einem Hufeisen sehen, wo der Teufel ausgerutscht war, als er den Schmöllerbauern verfolgte.

Aber das war auch schon ganz lange her. Trotzdem getraute sich Paul den Felsen niemals alleine aufzusuchen. Zu unheimlich waren die Abdrücke im Stein.

Seine Tante Anna sagte, da helfe nur ein „Vater unser“ und drei Kreuzzeichen!

Die Anna war eine ganz stille, schmächtige, die fast nur im Haus und in dem großen Gemüsegarten werkelte. Beim Heuwenden im letzten Hochsommer fiel sie plötzlich um, verdrehte die Augen und sah aus wie ein gebleichtes Leintuch. Der Jakob und der Josef trugen sie von der unteren Bachwiese schnellstens heim und in ihre Bettstatt, aber es dauerte fast eine geschlagene Woche, bis sie wieder mehr recht als schlecht auf den Beinen war. Von da an durfte sie vom Feld daheim bleiben und die leichteren Arbeiten verrichten. Seitdem war sie manchmal etwas seltsam.

Ihre Schwester, die Anna-Maria war erst ein paar Jahre vorher gestorben. Die war auch umgefallen und nicht wieder aufgestanden, aber Paul konnte sich nicht mehr an sie erinnern, er war damals erst zwei Jahre alt. Nur Anna bekam immer nasse Augen, wenn von ihr die Rede war, aber dies war selten.

Jeden Abend in der Dachbodenkammer, die sie sich mit ihrer Schwester Theres, Pauls Mutter Kreszenz und auch Paul, der in einem schmalen Bettkasten an der hinteren Wand schlief, teilen musste, kniete sie vor dem Bett auf dem blanken Bretterboden um ein ganzes Gesetz vom Rosenkranz runterzubeten. Theres meinte, man könne es mit dem „Heiligsein" auch übertreiben und es wäre gescheiter, sie würde endlich Ruhe geben, zum Beten sei am Sonntag allemal noch Zeit genug. Anna ließ sich aber nicht davon abbringen, wenn ihr auch oft die Augen dabei zufielen. Einmal ist sie dabei eingenickt und mit der Stirn gegen die Bettkante gefallen, was Theres zu der spöttischen Bemerkung veranlasste, jetzt würden ihr Hörner wachsen und die ganze Beterei sei für die Katz.

Eine ganze Woche lang sprach Anna kein Wort mit ihr und trug Tag und Nacht ein weißes Kopftuch, um die große Beule zu verbergen. Bis es Johann zu dumm wurde und er ein Machtwort sprach, entweder sie vertragen sich wieder – oder …!

Und wundersamerweise war der Zank vorbei, aber Paul wusste bis heute nicht, was dann mit „oder" geschehen wäre.

Das Sauerkraut von heute Mittag, das im Spätherbst in einem großen Fass mit bloßen Füßen eingestampft wurde, wobei Paul nie mithelfen durfte, obwohl er sich das letzte Mal extra im Grand die Füße gewaschen hatte – und Josef nicht –, gab es fast jeden Tag. Es roch schon etwas überständig, so konnte sich Paul, trotz seines Hungers nicht dazu überwinden, allzu viel davon zu sich zu nehmen und er nützte die erstbeste Gelegenheit, um aus der Stube und somit etwaigen Ermahnungen zu entkommen.

Bei seinem etwas überstürzten Aufbruch wäre er beinahe über die Bruthenne in der Fletz[22] gestolpert, die sich ausgerechnet neben der Stiege, die nach oben führte, ein Nest eingerichtet hatte und sofort angriffslustig nach seinen Waden hackte. Trotz ihres aufgeregten Gegackers gelang es ihm, unbemerkt den Hof zu verlassen.

Er hätte seine Feiertagshose längst mit der derben Kurzen vertauscht, aber vor lauter Eifer den mütterlichen Blicken und etwaigen Aufgaben zu entwischen, war ihm dieses Versäumnis erst am Bachufer aufgefallen. Nun war es zu spät um noch umzukehren, aber angesichts des gurgelnden Wassers zu seinen Füßen, bereute er seine Gedankenlosigkeit. Mutter würde ihm wahrscheinlich den Hosenboden versohlen, sollte er das einzige gute Stück, dass ihm sowieso schon verdächtig kurz um die Knöchel schlenkerte, verschmutzen.

Erneut fixierte Paul den gegenüberliegenden Sumpf.

Letztes Jahr konnte er sogar einen Blick auf das brütende Weibchen erhaschen, aber anscheinend blieb dieses Jahr das Dickicht am Uferstreifen leer.

Enttäuscht streifte er die klobigen Holzschuhe von den bloßen Füßen und streckte prüfend seine rechten Zehen ins Wasser, aber die eisige Frische ließ ihn den spontanen Einfall, den Bach zu durchwaten, sofort wieder verwerfen. Es waren sowieso keine Enten zu sehen. Missmutig wandte er sich zum Gehen. Stinklangweilig war ihm an diesem Tag. –

„Na, ist das Milchbubi heute so ganz allein unterwegs?“

Die hämische Stimme ließ Paul erschreckt zusammenzucken.

Etliche Schritte entfernt hatte sich der Wastl-Hermann, von zweien seiner kleineren Brüder flankiert, breitbeinig am Bachrand vor ihm aufgebaut. Er war nur ein Jahr älter als Paul, aber um gut einen Kopf größer. Gegen ihn wirkte Paul mit seiner feingliedrigen Statur fast wie ein Winzling.

---

22 Vorhaus

Hermann besaß in der Klasse den unumstrittenen Rang eines jähzornigen Raufboldes und selbst die älteren Buben gingen ihm wohlweislich aus den Weg.

Wer sich mit Hermann einließ, zog oft den Kürzeren. Er schreckte vor nichts zurück und die Striemen auf der Innenseite seiner Handflächen, die von dem pfeifenden Rohrstock des Lehrers herrührten, trug er wie stolze Trophäen vor sich her. Sie schienen seine Angriffslust nicht im Geringsten zu dämpfen. Die roten Striemen auf seinem Rücken dagegen, die von den gewalttätigen Ausbrüchen seines Vaters Zeugnis abgaben, hielt Hermann wohlweislich vor jedermann verborgen.

Paul vermied es sorgfältig; er ging jetzt bereits das zweite Jahr in die Schule nach Neu-Reichenau, die Aufmerksamkeit von Hermann, nur im Geringsten auf sich zu lenken.

Da aber die Schule nur zwei Klassenzimmer im oberen Stock aufwies und sich diese auch noch etliche Jahrgänge teilen mussten, bedurfte es aller Kunst ihm nicht in die Quere zu kommen. Paul war inzwischen Meister darin, sich so unsichtbar wie nur möglich zu machen.

Nun stand dieser Rohling wenige Schritte entfernt und versperrte ihm mit einem verschlagenen Grinsen den Heimweg. In seiner Rechten hielt er einen kurzen zweigabeligen Ast, an deren Spitzen sich ein schwarzes, breites Gummiband befand – eine Vogelschleuder!

Erschreckt hielt Paul den Atem an. Er selbst besaß nichts, nicht einmal einen winzigen kleinen Haselnussstecken zur Abwehr.

„Bist auch auf Maulwurfjagd?“

Paul versuchte krampfhaft das Zittern in seiner Stimme zu unterdrücken. Für den Bruchteil einer Sekunde durchzuckte ihn die unsinnige Vorstellung, dem überheblichen Kerl die Stirn zu bieten. Verprügeln würde ihn Hermann sowieso, diese günstige Gelegenheit ließ sich dieser bestimmt nicht entgehen. Also war es völlig gleichgültig, wenn er ihm vorher noch Paroli bot. Außerdem, der hellste war Hermann nicht gerade, vielleicht ließ er sich von seinem Vorhaben ablenken.

„Maulwürfe, wieso Maulwürfe?“

Die dunklen Brauen schoben sich zu unheilvollen Balken zusammen. Misstrauisch musterte Hermann seinen Gegenüber und ließ die Schleuder bedeutungsvoll von einer Hand in die andere wandern.

„Der Dorfner in Althütten zahlt für zehn Bälger vier Kreuzer und, und …“ Paul begann hilflos zu stottern.

„Und, und …“ spöttisch verzog Hermann den Mund zu einer schiefen Grimasse, „und was? Glaubst du, die kommen von selbst aus dem Loch und dann fängst du sie mit den Händen?“

„Na ja, es gibt einen Trick dabei“, warf Paul mit gespielter Gelassenheit beiläufig ein und ließ seinen Blick nachhaltig über die Böschung streifen, die von dunklen Maulwurfshügeln geradezu übersät war.

Mit dem rechten Holzschuh schepperte er geräuschvoll gegen den linken, mehr um das bedenkliche Zittern seiner Knie zu unterdrücken, als um den andern einzuschüchtern.

„Erst schepperst du und dann wartest halt bis sie rauskommen und erledigst sie mit dem Holzschuh!“ Paul versuchte seiner Stimme mehr Festigkeit zu verleihen.

„Scheppern – schauen, scheppern – schauen!“

Schritt für Schritt bewegte sich Paul aufwärts. Wenn er ungehindert den oberen Rand der Böschung erreichte, so konnte er vom Hof aus gesehen werden. Außerdem war er flink wie ein Wiesel und bis der schwerfällige Hermann dies begriff, war er längst auf und davon.

Paul krachte gerade seine Holzschuhe mit einem besonders lauten Knall zusammen, als sich mit flatterndem Flügelschlag aus dem Sumpfland eine Wildente erhob.

Ein Erpel!, dessen grün und blau schillerndes Gefieder im hellen Sonnenlicht glänzte.

Sie sind also doch da! Paul fühlte ein unbändiges Gefühl der Freude in sich aufsteigen. Sie waren wiedergekommen.

„Wildenten!“ Hermann brüllte triumphierend los und holte blitzschnell einen glatten Kieselstein aus der Hosentasche, legte ihn fachgerecht in die Schleuder, spannte den Gummi, und zischend flog das Wurfgeschoss haarscharf am Vogel vorbei. Trotz dieser tödlichen

Bedrohung flog der Erpel seltsamerweise nicht davon, sondern ließ sich in einiger Entfernung abwartend am gegenüberliegenden Ufer nieder.

„Flieg doch weg, flieg weg!“ Verzweifelt ließ Paul seine Holzschuhe aneinander krachen.

Erneut legte sich Hermann einen hellen Bachkiesel in der Gummischlaufe zurecht.

Paul fühlte, wie ihm die Kehle eng wurde. Alle Angst war verflogen. Mit einem gewaltigen Satz hechtete er sich auf den Rücken seines Widersachers, um den Angriff abzuwehren. Doch Sekundenbruchteile zu spät. Der Stein hatte bereits flirrend seine Flugbahn angetreten.

Der Ansturm von Paul änderte zwar geringfügig dessen Richtung und wäre der Erpel sitzengeblieben, wirkungslos über ihn hinweggepfiffen. Doch genau einen Moment zu früh, beschloss das Männchen seine abwartende Haltung aufzugeben und stieg in die Höhe.

Der Stein traf den Vogel am Kopf und mit einem klagendem Schrei fiel dieser auf die gegenüberliegende Sumpffläche, wo er mit seltsam verrenkten Flügeln liegenblieb.

„Mörder, du bist ein ganz gemeiner Mörder!“

Paul war wie von Sinnen. Der unbändige Zorn verlieh im ungeahnte Kräfte. Mit aller Wucht hieb er dem verdutzten Hermann den Holzschuh ins Gesicht, so dass diesem mit einem hässlichen Knirschen das Nasenbein brach. Ungläubig betastete dieser sein lädiertes Riechorgan und starrte fassungslos auf den Angreifer.

Erneut holte Paul mit dem Schuh aus, aber Hermann warf ihm die Schleuder an den Kopf und gab Fersengeld, seine beiden Brüder, von denen der Kleinste in ein jämmerliches Geheul ausbrach, einfach im Stich lassend.

Paul stieß die fürchterlichsten Drohungen und Verwünschungen aus, die ihm gerade in den Sinn kamen.

Hermann blieb in sicherer Entfernung abwartend stehen. Soviel Zorn und Wut und dies nur wegen einer lächerlichen Ente! Er verstand die Welt nicht mehr und diesen Knirps hatte er wahrhaftig unterschätzt.

In Zukunft war es besser diesem Hitzkopf aus den Weg zu gehen. Im Grunde seines Herzens war Hermann eigentlich gar nicht so hart wie er sich immer gab. Nur die Tatsache, dass ihm sein Vater regelmäßig am Sonntagabend, wenn er vom Wirtshaus stockbetrunken nach Hause wankte, den Lederriemen überzog, um ihm Rechtschaffenheit einzubläuen, wie er es so treffend nannte, brachte Hermann mit der Zeit dazu, seinen ganzen Frust und die angestaute Wut auf jedes Wesen zu übertragen, das nur im Entferntesten einen Anflug von Schwäche zeigte.

Bot ihm jedoch jemand die Stirn, was allerdings höchst selten vorkam, so zog er es vor, schleunigst den Rückzug anzutreten.

So machte sich Hermann mit eingezogenem Kopf auf den Heimweg. Seine lädierte Nase würde unweigerlich eine Tracht Prügel mehr nach sich ziehen, aber dies kümmerte ihn mittlerweile nicht mehr sonderlich. Seine beiden kleinen Brüder, welche die ganze Zeit nicht ein einziges Wort von sich gegeben hatten, trotteten heulend hinter dem Flüchtenden her.

Paul hielt keuchend inne. Langsam und mit hängenden Schultern ging er zum Bachufer zurück. Der Erpel lag noch unverändert an der gleichen Stelle, halb verborgen zwischen angeschwemmten Zweigen und braunen Binsengräsern.

Ungeachtet seiner guten Sonntagshose und des eiskalten Wassers, das ihm bis übers Knie reichte, watete er über die schlüpfrigen Steine ans andere Ufer. Vorsichtig hob er den Kopf des Erpels an. Das verletzte Auge war nur noch eine blutige breiige Masse und die feinen Halsfedern waren mit Blut durchtränkt. Die schillernden Blau- und Grüntöne auf den Flügeln hatten ihren irisierenden Schimmer verloren. Es war, als hätte sogar der strahlende Sonnentag etwas von seiner Wärme eingebüßt.

Unfähig sich zu bewegen saß Paul da, als er plötzlich ein leichtes Zucken unter seinen Fingern bemerkte.

Mein Gott, der Erpel war noch nicht ganz tot!

Was sollte er bloß tun? Hilflos starrte Paul umher, aber nur das verhaltene Plätschern des Baches durchbrach die sonntägliche Stille und das sachte Zittern unter seinen Händen wollte und wollte nicht enden. Ansonsten lag der verstümmelte Körper wie leblos vor ihm.

Verzweifelt begann Paul vor sich hinzuschluchzen und ohne dass es ihm sonderlich bewusst wurde, nahm er den biegsamen Hals in seine beiden Hände und drückte und drückte, bis das Zucken unter seinen Fingern endgültig erlosch.

Er wusste nicht, wie lange er so völlig erstarrt dagesessen hatte, als ihn ein leises Geräusch aus seiner Versunkenheit riss. Erst glaubte er, sich getäuscht zu haben, es hörte sich wie leichter Flügelschlag an. Schwerfällig erhob sich Paul von den Knien und näherte sich vorsichtig der unübersichtlichen Stelle zwischen den hohen Stängeln, die den Winterfrost überdauert hatten und nun als langes braunes Gestrüpp aufragten.

Behutsam bog er das Schilf auseinander. Erneut schossen ihm die Tränen in die Augen. Zwischen den Halmen in einer kleinen Mulde, für das menschliche Auge beinahe unsichtbar, saß das Entenweibchen brütend auf einem Nest voller Eier. Ihr unscheinbares Gefieder verfloss völlig mit ihrer Umgebung, hob sich kaum vom Erdboden ab. Sie starrte Paul angstvoll an und duckte sich noch tiefer ins Schilf, um ihre kostbare Frucht zu schützen und ohne nur eine Sekunde ihren Platz zu verändern.

Deshalb also war der Erpel sitzen geblieben, um sie so von dem brütenden Weibchen abzulenken und hatte diesen selbstlosen Einsatz mit seinem Leben bezahlt. Wildentenpärchen blieben ein Leben lang zusammen, stirbt eines der beiden, so verbringt der Übriggebliebene den Rest seines Daseins in Einsamkeit.

Dies hatte ihm Jakob erst vor kurzem erzählt und Paul liefen bei dem Gedanken daran erneut die Tränen übers Gesicht. Die Jungen würden ohne Vater aufwachsen, falls sie überhaupt eine Chance zum Ausschlüpfen bekamen.

Ohne Vater – genau wie er selbst. Tiefstes Elend überkam ihn. Auch er hatte seinen Vater nie gekannt! Manchmal fehlte er ihm sehr. Sicher, er war nicht allein!

All seine Onkel und Tanten, die seine Mutter mit eingeschlossen, sechs Personen betrug, bildeten auf dem Jògowerlhof eine große Familie. Aber ein Vater, das war halt doch etwas anderes, etwas Besonderes. Vielleicht war sein Vater auch gestorben und lag nun in der kalten Erde. Sogar dies wäre leichter zu ertragen, aber jede Frage die Paul nach seinem Vater stellte, wurde mit Schweigen beantwortet. „Vergangenes kehrt nicht wieder", war der Standardspruch seiner Mutter und so vermied er es mit der Zeit, nach Vergangenem zu fragen. Aber manchmal lastete der Kummer wegen der ungewissen Herkunft doch auf seiner kindlichen Seele und an so einem unglückseligen Tag wie heute ganz besonders.

Schluchzend begann Paul mit bloßen Händen im schlammigen Morast eine Grube auszuheben, die groß genug war um den toten Körper aufzunehmen. Vorsichtig bettete er den Erpel in die Erde und pflanzte zuletzt einen Buschen von den Dotterblumen auf das Grab.

Der Kummer schnürte ihm die Kehle zu. Ob Tiere wohl in den Himmel kamen?

Er wusste keine Antwort darauf, aber es schadete wohl auch nicht, ein kurzes Gebet zu sprechen. Leise vor sich hinmurmelnd begann er das, „Vater unser," doch bei dem Wort „Vater" musste er erneut aufschluchzen und so warf er sich einfach auf den feuchten Boden und ließ seinem Kummer freien Lauf.

Erst am späten Nachmittag, die Sonne hatte längst etwas von ihrer Kraft eingebüßt und der Bachlauf lag bereits im Schatten der Gehölze, machte sich Paul erschöpft und bis ins Innerste durchgefroren auf den Heimweg.

Ungeachtet seiner nassen Hosenbeine stapfte er die steile Böschung empor, dem vertrauten Anblick des Jògowerlhofes mit seinem dunklen Gebälk entgegen, der friedvoll tröstlich im letzten Schimmer der untergehenden Sonne am Waldrand des Spitzenberges vor ihm lag. Die dünne Rauchsäule, die sich aus dem Kamin empor kräuselte wirkte heimelig, aber er fühlte sich immer noch von Trauer wie betäubt und vor allen Dingen unsagbar schuldig. Schließlich war er es, der mit seinem unsinnigen Holzschuhgeklapper den Erpel aus seinem sicheren

Versteck aufgescheucht hatte. Es wäre besser gewesen, sich von Hermann verprügeln zu lassen.

Nie wieder würde er freiwillig ein Tier töten. Nie mehr!

Dies schwor er sich hoch und heilig! Nach diesem ernsthaften Entschluss war ihm ein kleines Stück leichter ums Herz, aber nur ein winziges Stückchen.

Verwirrt strich sich Paul über die Stirn. Fast glaubte er, den ersterbenden Schrei des Erpels erneut zu vernehmen, aber es war nur der miauende Ruf eines Mäusebussards, der ihn aus seiner Versunkenheit aufschreckte.

Er hatte seinen Schwur bis heute gehalten, wenn es auch manchmal nicht ganz einfach war. Aber er war unfähig ein Tier zu schlagen, geschweige denn es umzubringen. Mit den Jahren war er ziemlich erfinderisch geworden um der Gänseschlachterei oder Ähnlichem aus dem Weg zu gehen. Seltsamerweise hatte ihn weder seine Mutter noch Theres je ernsthaft dazu gedrängt, dies erledigte schon seit etlichen Jahren ohne mit der Wimper zu zucken Jakob.

Den Gänsen musste mit einem schnellen Schnitt unterhalb der Schädeldecke am Hinterkopf der Hals eingeschnitten werden, um sie dann ausbluten zu lassen.

Dazu wurde eine spezielle scharfe dünne Klinge benutzt; der sogenannte Gansstecher, der das übrige Jahr neben der Hobelbank in einem Holzkasten aufbewahrt wurde. Paul wandte jedes Mal den Blick schnell ab, falls er ihm zufällig beim Suchen nach Werkzeug in die Hände fiel.

Sie wurden zwar vorher durch einen gut gezielten festen Schlag mit einem Knüppel betäubt, aber es war jemand nötig, der die Gans von hinten ergriff und hielt, damit sie sich nicht befreien konnte. Das Blut wurde in einem Eimer aufgefangen, was ungefähr ein bis zwei Minuten dauerte. Dabei musste die Gans festgehalten werden, da sie immer noch heftig zuckte. Dies war die einzige Möglichkeit, die Tiere relativ schnell zu töten. Das kostbare Federkleid durfte schließlich nicht beschmutzt werden. Sie wurden danach mit heißem Wasser überbrüht und mit einer Schnelligkeit gerupft, die nur jahrelange Übung mit sich brachte.

Wahrscheinlich würde auch dieses Jahr wieder die Rodlbäuerin bereitwillig anrücken, um beim Rupfen und Ausnehmen zu helfen, in der Hoffnung ihre heiratsfähige Tochter Kathi, die ihm mit ihrem ständig schmachtenden Augenaufschlag auf die Nerven ging, endlich unter die Haube zu bringen.

Aber Paul verspürte nicht die geringste Lust sich unter die Fuchtel eines weiblichen Wesens zu begeben. Weiberwirtschaft hatte er auf dem Hof genug! Es müsste schon eine ganz besondere sein, eine die es wert wäre, die ungebundene Freiheit aufzugeben.

Die Eingeweide der Gänse warf man auf den Misthaufen neben der Stalltüre und das Hühnervolk stürzte sich mit genussvollem Gegacker darauf. Die nächsten Tage rührte Paul weder einen Eiersterz noch etwas Gebackenes an. In seiner Phantasie sah er die Gedärme der Gänse fein verschlungen in jedem Ei liegen. Er hütete sich aber sorgsam, seinen Ekel zu äußern und erklärte seinen plötzlichen Mangel an Appetit mit Magendrücken, was jedes Mal eine ellenlange Predigt seitens seiner Mutter nach sich zog: „Seine sonntäglichen Bieransammlungen würden seinen Magen und auch ihn irgendwann zugrunde richten!"

Es stimmte, er sprach manchmal dem süffigen Dunklen etwas zu sehr zu. Aber nur auf diese Weise ließen sich eben die Unannehmlichkeiten des täglichen Lebens besser ertragen, zumindest empfand er es so. Außerdem war er beileibe nicht der Einzige, der spätestens nach der langatmigen Predigt des alten Pfarrers die Kirchenbank mit der Wirtshausbank vertauschte.

Die Gänse wurden, nachdem sie gerupft, ausgenommen, die essbaren Organe wie Lunge, Leber, Magen und Herz wiederum im Inneren verstaut und danach fein säuberlich zugenäht waren, auf dem großen Jahrmarkt in Waldkirchen; der nächste wurde am Sonntag nach Leopoldi[23] abgehalten, zu einem guten Preis verkauft. Die großen Jahr-

23 Heiliger Leopold, 15. Nov.

märkte gab es nur achtmal im Jahr und da konnten Waren aller Art verkauft oder eingehandelt werden.

Mutter behielt einen kleinen Teil von dem Erlös der Gänse für sich. Was sie mit dem Geld machte, blieb Paul allerdings ein Rätsel. Nie beanspruchte sie etwas für sich, vermittelte aber auch nie den Eindruck, als ob ihr dies etwas ausmachte. Aber auch nie sah er auf ihrem verschlossenen Gesicht ein Lächeln, höchstens die Mundwinkel zuckten andeutungsweise belustigt und auch dies kam selten vor.

In der letzten Zeit ertappte er sie ab und zu dabei wie sie sich in halbgebückter Haltung den Rücken hielt, aber auf seine Fragen bekam er nur eine abwehrende Handbewegung und dies musste für den Moment als Antwort genügen.

Seufzend befreite Paul den linken Stiefel von dem Geäst, stopfte seine Schafwollsocken, die ihm Theres letzten Winter mühsam gestrickt hatte, in den Rucksack zu seinem restlichen Proviant und beschloss schweren Herzens die restliche Wegstrecke bis Finsterau mit bloßen Füßen zu bewältigen.

Im Sommer war dies kein Problem, aber jetzt im Spätherbst drang die Kälte des Bodens spürbar durch seine Fußsohlen. Zum Glück war heute noch einer dieser seltenen herrlichen Herbsttage, die einem das Herz weit werden ließ. Aber Paul hatte diesmal keinen Blick für das letzte erlöschende Glühen der Farbenpracht ringsumher.

Er verwünschte alle Gänse, besonders die böhmischen, und vor allen Dingen die ungleichen Haxen seines Onkels. Seine eigenen Stiefel waren aber nun schon zum zweiten Mal beim Schuster in Waldkirchen zum Besohlen und so blieb ihm heute nichts anderes übrig, wollte er sich zum vereinbarten Treffpunkt der Händler begeben, als sich mit diesen klobigen Dingern auf den Weg zu machen.

Er war letztes Jahr zum ersten Mal als Treiber mit ins Böhmische! Es war eine ganz schöne Plackerei gewesen, die Gänse; aufgeteilt in Scharen um die Hundert Stück, durch die Dörfer und über lange unbewohnte Strecken bis zum Zielort zu treiben.

In Gänswies, wo die zahlreiche Schar, sicher eingezäunt, wie Altschnee im Frühjahr den sanften Hang bevölkerte, waren dann die

Aufkäufer gekommen und das Handeln und Feilschen wollte kein Ende nehmen.

Dabei war ihm klar geworden, es würde sich viel mehr lohnen, selbst Gänse zu erwerben, als nur als Treiber ein geringes Entgelt zu erhalten.

Jakob ließ sich von seinen Argumenten überzeugen und so hatte er diesmal etliche Silbermark dabei, wohl versteckt in seinem Taschensack.

Mit einem verhaltenen Schmunzeln betrachtete Paul nun seine nackten Füße.

Die würden wahrhaftig schauen, die Böhmischen, wenn der Bauernbursch, der ihre Gänse mit Silbergeld aufkaufte, bloßfüßig wie ein dahergelaufener Knecht ankam.

Nun schau ich wirklich wie ein Gänsebub aus, dachte er belustigt, fehlt nur noch die Gänsemagd.

Vor seinem inneren Auge blitzte für Bruchteile von Sekunden plötzlich ein Bild auf. Eine Schar von schneeweißen Gänsen und dahinter ein Mädchen mit langen dunklen Flechten. Aber so sehr er die Gestalt auch festzuhalten versuchte, lösten sich die verschwommenen Konturen im Handumdrehen ins Nichts auf.

Verwirrt nahm er seinen Knotenstock fester in die Hand, um nun die restliche Wegstrecke ohne Aufenthalt durchzumarschieren.

In seinem Inneren verspürte er allerdings eine eigentümliche Leichtigkeit, die mit jedem Schritt zunahm und weder seine wunden Füße, noch der kühle feuchte Waldboden vermochten ihm dies zu nehmen.

Das Flüstern der Bäume
im endlosen Dämmerschein
und ein blutroter Streifen
– Sonnenbote
für den kommenden Tag
doch ein leichtes Frösteln
birgt schon den Abschied in sich
und der Herbst
nähert sich mit
fast unmerklichen
Schritten.

Kreszenz

Jògowerlhof 1878

Seufzend hob Kreszenz den schweren Kübel, der bis oben hin mit Futter für die Schweine gefüllt war vom Boden auf, um den Inhalt in den hölzernen Trog zu schütten. Manchmal beschlich sie das dumpfe Gefühl, ihr ganzes Leben, ihr ganzes Dasein bestünde nur aus randvollen schweren Eimern, die darauf warteten von ihr geschleppt zu werden.

Scheffel voll mit Wasser vom Grand[24] für´s Vieh, angefüllt mit Kartoffeln und Rüben, mit Wasser für die Kuchl, zum Füllen des Waschzubers, mit Trank für die Säue und vieles mehr. Ein ganzes Eimermeer, die Tag für Tag immer voller und schwerer zu werden schienen.

Oder war es ihr Alter, das ihr langsam zu schaffen machte?

Sie war jetzt im neunundfünfzigsten Jahr und es war an der Zeit sich etwas mehr Ruhe zu gönnen und die mannigfache Arbeit einer Jüngeren zu überlassen.

Der Hof mit seinen zwanzig Tagwerk Grund und Boden war fast zu groß um von ihrem Sohn Paul, ihren beiden Geschwistern Jakob und Theres, beide schon jenseits der Sechzig und ihr selbst, bewirtschaftet zu werden.

Als nach dem überraschenden Tod ihres Vaters, die übrigen sieben Geschwistern – zwei waren bereits auswärtig verheiratet –, übereinkamen den Hof gemeinsam zu führen, war alles viel einfacher, obwohl es so manche Unstimmigkeiten gab.

Aber Johann, der älteste von den vier Brüdern, hatte das Sagen und so ging alles meistens seinen geregelten Gang. Im Jahr 1872 starb dann Johann, im folgenden Jahr darauf Josef und wieder ein Jahr später Anna.

So waren jetzt nur noch Jakob und Theres übrig und alle anderen bereits unter der Erde. Keines von den beiden hatte je eine Heirat in

24 Brunnen, Steintrog

Erwägung gezogen und somit wurde es Zeit, dass endlich eine junge Bäuerin auf den Hof kam.

Aber als sie Paul, ihren einzigen Sohn darauf ansprach, lachte der nur und meinte, die Richtige sei ihm halt noch nicht begegnet.

Auf ihre verwunderte Frage woran er denn dieselbige erkennen wolle, bekam Paul wieder diesen geistesabwesenden Blick, als ob er irgendwo, irgendwelche Bilder sah, von denen sie keine Ahnung hatte. Was sie früher oft dazu veranlasste, trotz ihrer Müdigkeit abends ein „Vater unser" extra für ihn zu herunterzubeten.

Mit diesem seltsam verträumten Ausdruck im Gesicht und einem verhaltenem Lächeln um die Mundwinkel, erklärte er ihr, er werde die Richtige an ihren Augen erkennen und ließ sie damit in größter Verwirrung zurück.

An ihren Augen, solch ein Unsinn. Wichtig war, dass sie arbeiten konnte und wollte. Starke Arme zum Zupacken sollte sie haben, kein aufmüpfiges Wesen wo man alles zweimal sagen musste.

Das Aussehen war nicht so wichtig, aber graus`lig brauchte sie auch nicht gerade zum Anschau`n sein. Breite Hüften, damit sie sich beim Kinderkriegen nicht so hart tat, keine solche Schmalgans wie die Michlbäuerin, die jedes Mal den Doktor brauchte. Das kostete nur unnötig Geld und womöglich blieb sie dann auch noch eine Woche im Bett und wollte von vorne bis hinten bedient werden.

Augen! Von schönen Augen konnte man sich nichts kaufen.

Bei dem Gedanken daran, wallte erneut Unmut in Kreszenz auf und machte ihr für einen Moment das Atmen schwer. Vielleicht sollte sie die Sache selbst in die Hand nehmen, aber insgeheim wusste sie genau, so gutmütig ihr Sohn sonst war, wenn es darauf ankam, konnte er genauso stur und unnachgiebig sein wie sein Onkel Jakob.

Am liebsten wollte sie ihn packen und beuteln, so wie sie ihn als kleinen Buben oft geschüttelt hatte, um ihm die vermeintlichen Spinnereien auszutreiben.

Ich hoffe nur, er findet bald eine, die auf den Hof taugt!

Erneut aufseufzend kratzte sie den letzten Rest des Schweinefutters mit der Hand vom Boden des hölzernen Scheffels. Das laute Schmatzen der zwei Säue, die gierig über die dünne Brühe aus zerstampften Kartoffeln, Kleie und Magermilch herfielen, rissen sie für einen Moment aus ihrer Versunkenheit.

Paul war schon immer etwas absonderlich.

Als kleiner Bub konnte er stundenlang im Gras liegen und den Wolken nachschauen.

Er behauptete steif und fest, sie hätten Gestalten und Gesichter. Einen Hirschkopf mit großem Geweih oder einen buckligen Mann wollte er gesehen haben, aber so sehr sie sich auch bemühte und den Himmel anstarrte, sie selbst sah nichts als einen Haufen großer weißer Wolken.

Besorgt beobachtete sie ihn daraufhin eine Zeitlang heimlich, aber ansonsten entwickelte er sich zu einem ganz normalen Buben. Er kletterte mit Vorliebe auf jeden Baum und seine zerrissenen Hosenböden füllten ihre Sonntagnachmittage voll aus.

Schalt sie ihn deswegen, brachte er ihr mit einem verlegenen Lächeln einen Strauß Wiesenblumen, sorgfältig gepflückt und mit einem aus ihrem Nähkasten entwendeten Bindfaden zusammengebunden. Dies weckte in ihrem Herzen längst vergangene und verdrängte Erinnerungen und mit einem wehmütigen Blick, dessen tiefere Bedeutung nur ihr allein bewusst war, stellte sie den bunten Strauß in einem ausgedienten Krug auf die Fensterbank, wo er die nächsten Tage einen Ehrenplatz einnahm.

Bis ihm Johann, der älteste von Kreszenz Brüdern, eines Tages die Blumen aus der Hand riss und sie ihm um die Ohren schlug. Für solch weibischen Firlefanz sei er jetzt schon zu groß und er solle schauen, dass er zum Stallausmisten kam.

Von da an gab es keine Sträuße mehr.

Sie hätte dem Einhalt gebieten können, kam es ihr hinterher in den Sinn, aber dem Buben fehlte manchmal die Strenge eines Vaters.

Johann, der älteste seiner drei Onkel, kümmerte sich ansonsten nicht viel um ihn und für sie selbst war er halt ihr Ein und Alles, ihr einziges Kind, eine ständige Erinnerung an flüchtige Momente des Glücks.

Sie wich allen Fragen Pauls nach seinem Vater immer sorgfältig aus. Wie hätte sie ihm, dem Buben erzählen können, was ihr selbst jetzt, nach so langen Jahren noch das Herz schwer werden ließ. Niemals konnte sie zu jemanden darüber sprechen – nie.

Es wäre so, als würde sie damit etwas ans Licht zerren, das nur ihr alleine gehörte. Wenn sie Paul ansah, schmerzte sie oft diese Ähnlichkeit, die er mit seinem leiblichen Vater hatte. Nicht so sehr im Aussehen, da glich er sogar „Gott sei Dank" mehr dem bereits neun Jahre vorher verstorbenen Großvater, mit seiner etwas zu kleinen Statur und dem eigenwilligen braunen Haarschopf, der sich über der Stirn nur auf einer Seite bändigen ließ.

Aber oft bemerkte sie eine Geste an ihm, einen bestimmten Ausdruck in seinen Augen, oder den Anflug eines vertrauten Lächelns, das ihr schmerzlich bewusst machte, was sie unwiederbringlich verloren hatte. Sie hatte Pauls Vater von Herzen geliebt und dieser erwiderte ihre Liebe mit der ganzen Unbekümmertheit seines Wesens. Nie dachte sie, dass sie selbst solcher Gefühle fähig wäre. Denn Gefühlen wurden daheim kein Wert beigemessen, nur die Arbeitskraft und die zu erbringende Leistung zählte. Unvermutet spürte Kreszenz ein leichtes Schwächegefühl in den Beinen und für einen Moment verschwamm die Düsterkeit des Stalles mit seinen dunklen Holzbalken vor ihrem Blick.

Das leise monotone Wiederkäuen der Kühe vermischte sich mit deren warmen Ausdünstung zu einer unwirklichen Dämmerigkeit, dessen Schwere ihr das Gefühl von Benommenheit vermittelte und für einen kurzen Augenblick schrumpften die vergangenen Jahrzehnte zu weniger als den Bruchteil einer Sekunde …

Spitzenberg 1850

… „Augen zu und erst wieder aufmachen, wenn ich es sage!"

Gehorsam senkte Kreszenz die Lider. Zwei kräftige, warme Hände legten sich von hinten um ihre Schultern und gleichzeitig streifte etwas Seidiges ihren Hals. Überrascht öffnete sie trotz des Verbotes ihre Augen.

„Aber Mathias! Du sollst mir doch nichts mehr schenken!"

„Ich kann meiner Liebsten schenken, soviel ich nur will", erklang es mit zärtlicher Bestimmtheit an ihrem Ohr.

„Ach, du weißt doch genau, dass ich das Tuch genauso verstecken muss wie die böhmische Granatkette, die du mir erst vorigen Monat geschenkt hast. Es ist wunderschön, aber ich werde es niemals tragen können."

„Du wirst es bald tragen, das verspreche ich dir. Es dauert nicht mehr lange, nur noch ein- oder höchstens zweimal ein Grenzgang, dann hab ich das Geld beisammen. Wenn ich deinem Bruder die klingenden Münzen auf den Tisch lege, kann er zu unserer Heirat nicht nein sagen, du wirst schon sehen."

Beschwörend blickte Mathias in Kreszenz besorgte Augen.

Zaghaft strich diese über die dunkle seidige Fülle auf ihren Schultern und für einen kurzen Moment überkam sie ein Hauch von Traurigkeit, doch im nächsten Augenblick war das flüchtige Unbehagen wieder vorbei.

„Du bist mir vielleicht einer!"

Liebevoll zerzauste sie ihm den wirren dunklen Haarschopf noch mehr und überließ sich vertrauensvoll seinem suchenden Mund und den fordernden Händen.

Es war Mai – alles grünte und blühte ringsum und der warme bemooste Waldboden war verschwiegen, wie schon Generationen zuvor.

Übermütig lachend schwenkte Mathias sie zum Abschied in die Luft.

„Beim nächsten Wiedersehen gehe ich zu deinem Bruder, versprochen! Dann ist es vorbei mit den Heimlichkeiten. Für mich bist du jetzt schon mein Weib und nichts und niemand kann uns mehr auseinanderbringen."

Mit einer für ihn typisch sanften Geste strich er ihr die braunen Haarsträhnen aus dem noch von seinen Liebkosungen geröteten Gesicht.

„Heut in einer Woche wart ich hier auf dich, wie immer um dieselbe Zeit. Falls etwas dazwischen kommt, dann aber ganz bestimmt in vierzehn Tagen. Ich hab schon jetzt Zeitlang nach dir und bin noch nicht einmal weg."

Mit diesen Worten drückte er sie noch einmal fest an sich und verschwand hinter den breiten silbrigen Buchenstämmen.

Kreszenz stand noch eine ganze Weile wie verzaubert an derselben Stelle.

Das war also das – was der Pfarrer unter den sogenannten „ehelichen Pflichten" predigte. Wenn dies eine Pflicht war, dann wollte sie gerne als pflichtbewusst gelten. Lächelnd strich sie sich den verdrückten Kittel glatt um gleich darauf unbehaglich die Stirn zu runzeln. Denn der Pfarrer hatte auch von Sünde gesprochen, sofern man die Freuden vor dem ehelichen Bund schon genoss. Wie hatte er es ausgedrückt?

Es sei so verwerflich, als wenn man erst den Kuchen esse, obwohl einem nur das Brot zustände!

Bei uns gibt es keinen Kuchen, dachte Kreszenz mit einem leichten Anflug von Aufsässigkeit, höchstens zu den größten Feiertagen einen süßen Wecken!

Wie konnte dasselbe vorher eine sündige Freude und nachher eine Pflicht sein?

Grübelnd trat Kreszenz den Heimweg an, vorsorglich darauf bedacht, ein handliches Reisigbündel zu sammeln. Schließlich war dies der Vorwand gewesen, warum sie an diesem lauen Maiabend noch so spät in das Dickicht des Spitzenbergs eingetaucht war.

Sünde hin oder Sünde her! Wenn eine Sünde ihr soviel Glückseligkeit bescherte, dann wollte sie sündigen, soviel und so lange es nur ging.

Aber das mit dem Heiraten war nicht so einfach. Mathias war in den Augen ihres Bruders mit Sicherheit keine gute Partie. Auch hatten die übrigen Geschwister genauso viel Mitspracherecht.

Der Hof gehörte ihnen zu gleichen Teilen. Als der Vater an Silvester 1842 im 71. Jahr plötzlich verstarb, war die Nachfolge alles andere als geregelt. Ihre Mutter war schon sechzehn Jahre vorher an Auszehrung gestorben, was auch nicht verwunderlich war. Jedes Jahr ein Kind, dazu die schwere Arbeit und tägliche Mühsal, die stetig anwachsende Kinderschar zu ernähren. Kreszenz war von den zehn Kindern die zweitjüngste und beim Tod der Mutter erst sieben Jahre alt, ihre Schwester Barbara kaum den Windeln entwachsen.

Es war eine harte Zeit und Kreszenz besaß nur noch eine verschwommene Erinnerung an diese längst vergangenen Tage. Tage, die geprägt waren von beschwerlicher Plackerei auf den ausgedehnten Feldern, von eintöniger Kost und der inneren Einsamkeit, weil doch die tröstende Hand der Mutter an allen Ecken fehlte.

Von den neun Geschwistern waren jetzt außer ihr nur noch sechs davon auf dem Hof.

Katarina die zweitälteste und Raimund, nur ein Jahr älter als sie selbst, längst verheiratet. Barbara, ihre Kleine, wie sie diese in Gedanken immer noch nannte, da sie früher beständig an ihrem Schürzenzipfel hing, schon seit fünf Jahren tot. Mit knapp einundzwanzig Jahren jämmerlich an einem vereiterten und geplatzten Blinddarm gestorben. Tagelang hatte sie mit hohem Fieber und Bauchweh in der kleinen Kammer gelegen und trotz kalter Wadenwickel und Arnikaumschlägen war keine Besserung eingetreten. Als endlich der Doktor geholt wurde, war es bereits zu spät.

Nun wirtschafteten sie zu siebt auf dem Jògowerlhof und keines ihrer Geschwister wollte seinen Erbteil zugunsten einer Verehelichung aufgeben.

Wie sollte da eine Heirat mit Mathias möglich sein?

Beklommen wischte sich Kreszenz erneut eine Haarsträhne aus der Stirn. Alles schien so einfach, wenn sie in seinen Armen lag, aber nun befielen sie die Zweifel mit Macht.

Als einer der mittleren Söhne eines Kleinhäuslers hatte er nicht die geringste Aussicht auf eigenen Grund und Boden. Im Sommer verdingte er sich bei den größeren Bauern als Knecht und im Winter in den böhmischen Wäldern zum Holzreißen. Dazu war er oft unterwegs, ins böhmische oder österreichische Grenzland, um auf geheimen Schleichwegen Schmugglerware über die Grenze zu bringen, obwohl die Gendarmen ständig auf Streife waren. Ihre besorgten Einwände wischte er nur lachend beiseite.

Nun eine Hoffnung gab es. Mathias hatte von einer schönen Summe Gulden gesprochen und damit die Möglichkeit offenbart, sich in den Hof einzukaufen, aber ob ihr Bruder Johann damit einverstanden war?

Erneut überfiel sie ein ungutes Gefühl.

Nun, vielleicht reichte es auch um irgendwo ein kleines Sacherl[25] zu erwerben. Aber dazu müsste sie ihren Erbteil einfordern und dies gab der Hof nicht her.

Seufzend begann sie den Abstieg durch die Waldanhöhe.

Weggehen? Dies erschien ihr in diesem Moment alles andere als verlockend. Aber dann dachte sie an Mathias und seine warmen behutsamen Hände und ihre dunklen Gedanken verflogen in der lauen Maienluft wie Blütenstaub im Wind.

Die Tage vergingen, bis in die Abendstunden ausgefüllt mit der anfallenden Arbeit auf dem Hof. Sie begann sich erst Sorgen zu machen, als er nach der zweiten Woche nicht wie versprochen an ihrem geheimen Treffpunkt, hoch droben auf der Waldlichtung erschien. Das war bis jetzt in den vergangenen zwei Monaten nur ein einziges Mal vorgekommen und damals fand sie unter den tief hängenden Buchenzweigen sein verblichenes Halstuch an einen Zweig geknotet, zum Beweis, dass er sie nicht vergessen hatte.

Aber so sehr sie auch den mit dichtem Laub bedeckten Waldboden absuchte und in Augenhöhe sämtliches Blattwerk schüttelte, es gab nicht das geringste Anzeichen dafür, dass in den letzten Tagen ein lebendiges Wesen hier vorbeigekommen war. Nur eine vereinzelte

---

25 kleines Häusleranwesen

Wildtaube ließ ihr lockendes Gurren über den lindgrünen Baumkronen ertönen.

Auch in der nächsten Woche nichts als dieses unheilvolle Schweigen. Kreszenz wollte, konnte niemanden fragen, aber die Ungewissheit nagte an ihr und ließ sie nicht zur Ruhe kommen. Bis sie nach dem sonntäglichen Kirchgang von einigen beieinander stehenden Burschen seinen Namen hörte. Betroffenheit lag auf deren Gesichtern.

Beim Paschen am Plöckenstein von Grenzern erschossen ...

Sie wusste hinterher nicht mehr, wie sie nach Hause gekommen war. Sie fühlte sich nur leer, wie ausgehöhlt. Am liebsten wollte sie auch sterben, bei ihm sein.

Drei Tage lag sie völlig apathisch in einem halbtoten Dämmerzustand in ihrer Kammer, verweigerte jede Nahrung, trank nur etwas von dem kühlen Brunnenwasser und sogar dies musste ihr ihre Schwester Theres gewaltsam einflößen.

Als sie endlich auf zittrigen Beinen wieder das Bett verließ, war sie zu mutlos um sich selbst etwas anzutun und nach einiger Zeit bemerkte sie, dass sie guter Hoffnung war. Von diesem Moment an wollte sie leben, leben für das Kind.

Sie fühlte mit untrüglicher Gewissheit, das es ein Bub werden würde und im Februar des kommenden Jahres 1851 kam er mit einer Leichtigkeit auf die Welt, als wolle er sie damit mit all dem vergangenen Schmerz und Leid versöhnen.

Sie nannte ihn Paul und gab ihm somit den Namen seines schon 1815 verstorbenen Großvaters. Auf der Geburtsurkunde gab sie an „Vater unbekannt“ und so sollte es auch bleiben. Es blieb ihr Geheimnis und sie würde dieses mit ins Grab nehmen.

So blieb sie ledig!

Kein anderer Mann kam ihr auch nur in den Sinn, geschweige denn in ihre Nähe. Dabei gab es durchaus einige Bauernburschen, die trotz des ledigen Kindes gegen eine Heirat nicht abgeneigt waren. Sie sah mit ihrem nussbraunen Haarknoten und den ansprechenden Rundungen immer noch sauber genug aus, um in den unverheirateten

Mannsbildern verborgene Hoffnungen zu wecken. Aber ihre graublauen Augen blickten stets mit einer kühlen Distanziertheit über die Bewerber hinweg, so dass sich keiner zu einer vertraulichen Annäherung hinreißen ließ. Bald hieß es nur, sie habe statt Blut, Eiswasser in den Adern und dabei blieb es. Ihr war es nur recht so.

Das Rätselraten um den Vater ihres Kindes ließ mit den Jahren allmählich nach und schließlich geriet das Ganze in Vergessenheit. Ledige Bankerten gab es in jedem Dorf und der Rückhalt ihrer Geschwister trug das ihrige dazu bei, um den größten Ratschkatl´n den Wind aus den Segeln zu nehmen.

Ihre drei Schwestern; Anna-Maria, Theres und Anna rissen sich um den kleinen Paul, denn so wie es aussah, dachte keine von ihnen ans Heiraten und somit an eigene Kinder.

Johann interessierte der Bub wenig, er war sowieso ein wortkarger Geselle, dem nur der reibungslose Ablauf des bäuerlichen Tagwerks wichtig war, ein plärrendes Kleinkind störte da nur. So ging er meist seinen eigenen Beschäftigungen nach und von denen gab es auf dem Jògowerlhof wahrhaftig genug. Jakob war derjenige, der sich von den drei Onkeln am meisten des Buben annahm und ihm alles Nötige beibrachte.

Mit der Zeit waren die möglichen Freier alle mehr oder weniger in festen Händen und Kreszenz hatte von nun an ihre Ruhe. Manchmal jedoch gab es winzige Augenblicke, da die selbsterwählte Einsamkeit in ihr überhand nahm und sie für einen kurzen Moment Bedauern empfand, alle Bewerber so rücksichtslos zurückgewiesen zu haben. Aber nur für einen flüchtigen Atemzug, alsdann war diese Schwäche so schnell vorbei, wie sie gekommen war.

Denn was sollte nach so einer Liebe noch kommen? Alles andere wäre nur billiger Ersatz und Pflichterfüllung gewesen und damit wollte und konnte sie sich nicht begnügen. So blieb sie für den Rest ihres Lebens allein. Sie hatte ja Paul …

… Schwerfällig erhob sich Kreszenz von dem dreibeinigen Melkschemel und stützte erneut ihr schmerzendes Kreuz. Fast drei Jahrzehnte lagen die kummervollen Ereignisse nun schon zurück und trotzdem erschien es ihr manchmal, als wäre es erst gestern gewesen.

Paul entschädigte sie für so vieles. Er war ehrlich und rechtschaffen und verstand auch zuzupacken. Wenn er nur nicht gar so feinfühlig wäre. Schon als Bub machte ihm diese Empfindsamkeit zu schaffen.

Einmal wurde sie Zeuge; Paul mochte damals so etwa sieben Jahre alt gewesen sein, als Georg, der älteste von den Kindern ihrer Schwester Katharina, die von Zeit zu Zeit vom nahegelegenen Wollaberg zu Besuch kam, kaltblütig einem Frosch den Haxen ausriss und den blutigen Stumpf triumphierend in die Höhe und dem kreidebleichen Paul dann unter die Nase hielt. Der sonst so sanfte Paul verwandelte sich in Sekundenschnelle zu einem wild gewordenen Irrwisch und nur ihr schnelles Eingreifen konnte Schlimmeres verhindern.

Paul hatte ohne zu zögern den nächsten Holzprügel ergriffen und ihn dem verdutzten Georg zwischen die Schulterblätter geschlagen. Nur die Tatsache, dass Georg fast einen Kopf größer war, verschonte ihn vor Schlimmerem.

Kreszenz fand Paul später kreidebleich neben dem Holzstoß, wo er mit tränenverschmiertem Gesicht verzweifelt versuchte, das Erbrochene mit Grasbüscheln von seiner Hose zu beseitigen.

Von da an wusste sie, er konnte weder Gewalt noch Töten ertragen und gleichgültig, ob beim Schweineschlachten, Gänsestechen oder auch nur wenn ein Huhn geköpft wurde, Paul war jedes Mal unauffindbar und daran hatte sich bis heute absolut nichts geändert.

Nun, für einen künftigen Bauern wahrlich kein leichtes Los. Schlachten gehörte nun einmal dazu, ob man es gerne tat oder nicht, spielte hierbei keine Rolle.

Man muss tun – was man tun muss, pflegte ihr Vater zu sagen und dies wurde schon seit Bestehen des Hofes so gehalten.

Demnächst war es wieder soweit!

Paul war mit den Gänsehändlern ins Böhmische unterwegs und von den vier Dutzend, die er drüben für einen angemessenen Betrag erstehen wollte, würde ein ganz schöner Batzen übrig bleiben.

Die Böhmischen waren froh, ihre Gänse an die bayerischen Händler loszuwerden, um so zusätzlich über einen kleinen Nebenverdienst verfügen zu können.

Nur mussten die Gänse die ganze lange Strecke vom böhmischen Grenzgebiet zu Fuß durch Wald und Flur heruntergetrieben werden. Keine leichte Aufgabe, wenn man bedachte, dass oft Wind und Wetter nicht mitspielten.

Es war das bereits das zweite Jahr, dass sich Paul den Händlern und Treibern anschloss, aber diesmal wollte er selbst Gänse erwerben und Johann hatte ihm genügend Bargeld mitgegeben. Den Großteil der Gänse würden die Aufkäufer nach dem erfolgreichen Treiben in Gänswies erwerben, wo die Gänse in großen eingezäunten Gehegen feilgeboten wurden.

Dabei machte man hier, wenn man sich nicht zu sehr herunterhandeln ließ, einen stattlichen Gewinn. Den meisten Profit aber würden sie auf dem herbstlichen Jahrmarkt, der am Leopolditag im November, wie alle Jahre, in Waldkirchen stattfand, erzielen.

Allerdings mussten sie bratfertig hergerichtet sein und die beachtliche Strecke von fast elf Kilometer in der Buckelkraxe getragen werden.

Mehr als zwei konnte sie sich heuer allerdings nicht aufbürden. Letztes Jahr wurde ihr die Last mit drei Gänsen, schließlich wog fast jede über neun Kilo, zu viel und Paul packte zu seinen vieren noch die ihre obendrauf. Auch dazu bin ich schon zu alt, schoss es Kreszenz wehmütig durch den Kopf.

Für das Schlachten war vorher noch einiges vorzubereiten.

Den alten Bettbezug aus der Truhe in der Dachkammer hervorholen, um darin die Gänsefedern aufzubewahren, bis sie im Winter, wenn alle Arbeit auf den Feldern getan war, Zeit zum Federnschleißen hatten. Die Groben und Dicken wurden allerdings sofort beim Rupfen aussortiert. Den großen hölzernen Bottich zum Überbrühen der Gänse mit heißem Wasser bereitstellen. So ließen sich die Federn leichter von der

Haut lösen und vor allen Dingen den Gansstecher; eine lange schmale Klinge, am Schleifstein schärfen. Schließlich sollten die Gänse einen schnellen Tod haben und nicht unnötig leiden.

Jakob musste das Gatter, das sich auf der Wiese neben der kleinen Schwemme befand, noch auf eventuelle Lücken überprüfen, da die Gänse bis zum Schlachttag darin gehalten wurden.

Diesmal konnte sie Paul nicht verschonen, jede Hand wurde gebraucht.

Diesmal – würde er sich nicht wieder davonschleichen können, dafür würde sie schon sorgen.

Es war an der Zeit, dass er endlich erwachsen wurde, letztendlich war er der einzige Erbe und somit der zukünftige Bauer vom Jògowerl-hof und wenn er nicht bald eine Bäuerin herbeibrachte, würde sie ihm eine suchen – Augen hin oder her!

Auf der Suche nach dem
„Goldenen Vlies“
reiste ich viele Meilen
durchforschte ferne Länder
– kehrte entmutigt zurück.
Ich hob den Blick
verzweifelt ´gen Himmel
und fand.

Planie, Böhmen 1878

Das erste, was Paul nach dem ermüdenden Fußmarsch durch den dichten Hochwald bewusst wahrnahm, waren die schwärzesten, dreckigsten Füße, die er je in seinem Leben zu Gesicht bekommen hatte.

Fassungslos ließ er seinen ungläubigen Blick langsam nach oben wandern; zum durchnässten Rocksaum eines leinenen Kittels in ausgewaschenem Blau, darüber eine vielfach geflickte Schürze in derselben eigentümlichen Farbe, blieb kurz an einer schmalen Taille haften, tasteten sich an zwei schweren, halbgelösten Flechten aufwärts zu vollen Lippen, die jetzt zu einem spöttischen Lächeln verzogen waren. Blieb an Augen hängen, Augen von eigenartiger Schönheit, wie die in den Filzen[26] liegenden, von tiefer Stille umgebenden „Seelacken", die mit klarem grünbraunen Wasser gefüllt waren und von jeher eine seltsame Anziehungskraft auf ihn ausübten. Augen, in denen er glaubte zu versinken, die ihn hinabzogen in unbekannte Tiefen.

Das graue gemusterte Kopftuch hatte sie nachlässig unter ihrem etwas eigenwilligen Kinn verknotet, es war ihr in den Nacken gerutscht und gab so den Blick auf die nachtdunkle Haarfülle frei, die ihren Kopf umflutete.

Paul stand wie gebannt. Erst ein derber Rippenstoß vom Rieger Anderl, seinem Weggefährten, brachte ihn wieder nachhaltig in die Wirklichkeit zurück.

„Wir kommen wegen der … Gänse!" Er räusperte sich verlegen.

Die letzten zwei Stunden war er äußerst missmutig Anderl hinterher getrottet.

Als sie kurz nach Finsterau die kleine Grenzbrücke über den Haarlanderbach überquert hatten, wurde der vorher gut begehbare Waldweg immer mehr von sumpfigen Morastflächen unterbrochen. Manchmal konnten sie sich nur durch einen beherzten Sprung über die Lachen fortbewegen. An den schlimmsten Stellen waren zwar notdürftig Stege

26 Hochmoore

angelegt, aber so halbverfault wie dieselben aussahen, wurden sie eher selten benutzt.

Bei Buchwald teilte sich ihre aus zwölf Mann bestehende Händler- und Treibertruppe. Die meisten wollten weiter südlich Richtung Fürstenhut ihr Glück versuchen, der Rest wandte sich erneut nach Norden, Außergefield zu. Man würde sich am nächsten Tag wieder in der Nähe von Buchwald auf einer großen Freifläche mit allen aufgekauften Gänsen und der nötigen Treiberanzahl treffen, um die Gänse auf der bekannten Strecke Richtung Süden nach Gänswies zu treiben.

Paul wollte eigentlich lieber mit der größeren Gruppe, so wie im Jahr davor, Richtung Süden gehen. Anderl aber, der in Finsterau das notdürftige Nachtlager in einer zugigen Scheune mit ihm geteilt hatte, überredete ihn wortreich, sich lieber nördlich zu wenden.

Die Gänse seien dort oben viel prachtvoller und außerdem gingen sie billiger her, er wisse dies noch vom Jahr davor.

Sie kamen an einigen Ansiedlungen und vereinzelten Gehöften vorbei und die restlichen der Händler versuchten bereits hier nach dem begehrten Federvieh Ausschau zu halten und so wurde ihre Truppe von Stunde zu Stunde immer kleiner, bis zum Schluss nur noch sie beide übrig waren.

Jedes Mal, wenn Paul auf ein vielversprechendes Gehöft einbiegen wollte, winkte Anderl entschieden ab.

Vor dem Dorf Außergefield führte der vorher ganz passable Weg erneut verschlungen durch dichten Hochwald, der so wie es aussah kein Ende nehmen wollte. Paul befürchtete schon sie hätten sich verlaufen, aber auf seine besorgte Frage hin winkte sein Begleiter ebenfalls nur grinsend ab, er kenne die Strecke vom letzten Jahr noch genau. Am liebsten hätte er sich selbst verflucht, Anderls Prahlereien überhaupt Gehör geschenkt zu haben.

Nun stand er hier in dieser vergessenen Einöde.

So weit das Auge reichte, verstreute Gehöfte, mit einigen jetzt brachliegenden Feldern, nur unterbrochen von niederem Buschwerk, das sich über das Hochplateau bis ins Tal hinunterzog. Mit verdreckten feuchten Stiefeln, überaus hungrig und von Gänsen war weit und breit nicht das geringste zu sehen. Vor ihm stand diese Bauerndirn und er stotterte wie ein Schulbub herum.

Verstohlen musterte er seine Umgebung.

Auf der oberen Hälfte des weitläufigen, sanft abfallenden Hanges befand sich das schindelbedeckte Böhmerwaldhaus mit dem an der Stirnseite herabgezogenen Schopfwalmdach, dessen dunkles verwittertes Gebälk von den letzten Sonnenstrahlen, die noch von Westen her über die hohen Fichtenwipfel streiften, nicht mehr erreicht wurde. Rechter Hand einige Obstbäume, die wie achtlos hingeworfene Schusser[27] den schmalen ausgetretenen Pfad der zum Anwesen führte, säumten.

Die kleinen, unterteilten Sprossenfenster waren seltsamerweise hell gestrichen und gaben dem Haus ein freundliches Aussehen, so als würden sie einladend blinzeln. An der Breitseite waren bis unter das vorgezogene Dach vier stabile Pfosten angebracht, die von einer massiven Querstange fixiert wurden; wahrscheinlich um die Holzscheiter, die dahinter an der Hauswand aufgeschichtet waren, an Ort und Stelle zu halten. Der gemachte Holzstoß nahm sich allerdings noch sehr kümmerlich aus und reichte für den kommenden Winter bei weitem nicht aus.

Auf dem Giebel genau über dem Walmdach ein kleines Türmchen, das einem dieser Schirmling-Pilze, die an den Waldrändern wuchsen, ähnelte und dessen Zweck sich Paul nicht ganz erschloss. Links ein kleiner Verschlag, der wie ein Schwalbennest an der Stallwand klebte. Über dem windschiefen Lattenzaun, neben einem jetzt abgeernteten Gemüsegarten, hingen trotz der abendlichen Kühle noch mehrere Wäschestücke zum Trocknen. Ein kleines Stück vom Haus entfernt befand sich ein gemauerter Backofen, daneben einige Scheiter, ungeordnet auf einen Haufen geworfen.

Überhaupt; linker Hand neben dem Anwesen lag jede Menge Brennholz, aber so wahllos aufgeschüttet, als hätte niemand Zeit oder Lust es kleinzuhacken, geschweige denn es sauber aufzuschichten. Neben dem

27 Murmeln

Hackstock, verstreut ein paar Rundlinge, die klobige Axt lehnte noch daneben, so als wäre die Arbeit mittendrin unterbrochen worden.

Am hölzernen Grand vor der Haustüre standen drei kleinere Kinder, die neugierig aus dreckverschmierten Gesichtern dreinblickten. Ein etwas größeres Mädchen lugte vorwitzig ums Hauseck. Hier sollte es Gänse geben, nie und nimmer!

Das Mädel sah ihn immer noch wortlos an, bedeutete ihnen mit einer einladenden Handbewegung ihr zu folgen und wandte sich am Stall vorbei einer angrenzenden Wiese zu.

Und da waren sie! Eine beachtliche Schar schneeweißer Gänse, die aufgeregt zu kreischen begannen, als sie der Fremden ansichtig wurden. Prachtvolle Gänse, die einen seltsamen Kontrast zu all dieser Unordnung bildeten.

„Verhandeln musst du mit meiner Mutter!"

Ihre Stimme hatte einen vollen dunklen Klang, der gar nicht so recht zu der schmalen Gestalt passen wollte. Forschend sah sie Paul ins Gesicht und wieder hatte er das Gefühl, als würde der Boden unter seinen Füßen nachgeben. Er musste sich gewaltsam dazu zwingen, den Blick abzuwenden.

„Habt ihr sie nicht eingezäunt?" Er musste sich erneut räuspern. Seine Stimme klang, als hätte er einen Frosch im Hals.

Sie ließ ein unterdrücktes Kichern hören. „Gänse sind standorttreu, sie bleiben immer in der Nähe des Hauses, da wo sie aufgewachsen sind. Hast du das nicht gewusst? Du willst ein Ganshändler sein?" Belustigt sah sie ihm mit hochgezogenen Augenbrauen unverhohlen ins Gesicht.

Er wandte verlegen den Blick ab. „Wir haben auf unseren Hof keine Gänse und die wir zum Schlachten erwerben, werden immer im Pferch gehalten."

„Einen Hof, so wie den hier?" Mit einer umfassenden Geste bezog sie das ganze Anwesen mit ein.

Nun war er es, der ein Lachen nicht unterdrücken konnte und ehe er sich versah, begann er in den höchsten Tönen vom Jògowerlhof zu schwärmen.

Von den Wiesen und Feldern die bis zum Michlbach hinunterreichten, den kleinen verteilten Schwemmen darauf, mit denen dank der Bewässerungsgräben die Weiden in heißen Sommern geflutet werden konnten. Dem großen Obstgarten mit seinem reichen Fruchtsegen vor dem windgeschützten Haus auf der Südseite des Spitzenberges.

„Im Stall stehen zwei Ochsen, zwei Jungochsen, vier Kühe, Jungvieh, zwei Säue und außerdem eine beachtliche Schar Hühner. Es fällt zwar eine Menge Arbeit für uns vier an, denn Onkel Jakob, Tante Theres und meine Mutter sind auch nicht mehr die Jüngsten, aber der Hof ist der schönste weit und breit. Allerdings Gänse halten wir nicht", schloss Paul etwas verwirrt über sich selbst und seine weitschweifenden Ausführungen. Es war sonst nicht seine Art mit dem Besitz zu prahlen.

Sie hatte ihm wortlos zugehört und musterte ihn erneut mit diesem unergründlichen Blick, der ihm bis in die Zehenspitzen fuhr.

„Nun, meine Gänse folgen mir auf`s Wort!" Zur Bestätigung stieß sie eine seltsame Folge von Lauten aus und ehe er sich versah, waren sie von der lauthals schnatternden Schar umgeben, wobei ihm der Gänserich mit seinem langen Hals beträchtlich nahe kam.

„Ich habe noch nie so schöne gesehen!" Bewundernd sah er sie an und es war nicht ganz ersichtlich, wen er damit meinte, die Gänse oder sein Gegenüber. Nun war sie es, die etwas verlegen den Blick abwandte.

„Der Ganter ist aus der Emder Zucht. Vater hat ihn und zwei Legegänse vor zwei Jahren für gutes Geld erworben. Wir haben sie mit den unseren gekreuzt und so sind sie größer und fetter als all die anderen in der Gegend." Verhaltener Stolz schwang in ihrer Stimme mit.

„Was sollen sie denn kosten?" Paul betrachtete eingehend seine Stiefel, als gäbe es nichts Wichtigeres als deren verdreckten Kappen.

„Verhandeln musst du mit Mutter!", bekräftigte sie erneut. Anderl wurde von ihr überhaupt nicht beachtet, so als wäre er gar nicht vorhanden, weshalb dieser jetzt seinen Unmut kundtat.

„Verhandeln werden wir beide!“, forderte er mit Nachdruck.

Sie musterte ihn nur mit einem schiefen Lächeln und wandte sich mit einem Schulterzucken dem Haus zu, das jetzt vollends im Schatten lag und nun so gar keinen heimeligen Eindruck mehr vermittelte.

Ratlos sahen sie ihr nach. Sollte dies nun eine Aufforderung sein, ihr zu folgen?

Durch die niedrige Haustür betraten sie ein halbdunkles mit Steinen gepflastertes Vorhaus und rechter Hand war die Tür zur Stube einladend geöffnet. Am Herd stand eine verhärmt aussehende Frau, deren unförmige Kittlschürze den gewölbten Zustand ihres Leibes nicht ganz verbergen konnte.

„Die Gansaufkäufer sind da!“

Ihre Begleiterin musterte Paul erneut mit unverhohlenem Interesse von Kopf bis Fuß und verschwand umgehend wieder nach draußen.

Mit einer verhaltenen Handbewegung wischte sich die Frau ihre Hände an der mit Flecken übersäten Schürze ab und bat beide am Tisch im Herrgottswinkel Platz zu nehmen, dessen Tischplatte vom unzähligen Scheuern beinahe hell im beginnenden Zwielicht schimmerte.

Sie griff in die Tischlade und mit der in Böhmen gebräuchlichen Aufforderung: „Schneid`s eng a Brout o“, (Schneidet euch ein Brot ab) legte sie einen halben Laib und ein Messer auf den Tisch.

Paul zögerte zuzugreifen. Er wusste, dass Brot in den ärmeren Bauernstuben kostbar war und nur die böhmische Gastfreundschaft gebot es, jedem Gast sofort dies anzubieten, gleichgültig ob die eigenen Kinder genügend zu essen hatten. Anderl waren anscheinend solche Gedanken fremd, denn er schnitt sich bereits einen gehörigen Kanten davon ab und kaute mit vollen Backen drauflos.

Neugierig sah sich Paul in der Stube um. Die Deckenbalken wirkten durch Alter und Ruß wie schwarz gebeizt. An der gegenüberliegenden Wand links neben der Tür befand sich ein halbhoher Geschirrkasten, dessen seitlich kunstvoll geschwungene Kanten beträchtliches handwerkliches Geschick aufwiesen, ein gemusterter Vorhang davor verbarg allerdings den Inhalt. Darauf standen ein irdener Krug und zwei Blechhafen mit Henkel.

Darüber an der Wand war ein gesticktes „Spruchtuch" befestigt. Er versuchte die Buchstaben zu entziffern, „Herr, gib uns das täglich Brot, dann leiden wir keine Not."

Gegenüber, der gemauerte Küchenherd und die sogenannte „Anricht", auf der sich etliche Töpfe und Schüsseln befanden. Im Herdwinkel der Stube ein teils gekachelter, teils verputzter Sesselofen. Über dem Herd massive Stangen an denen einige Kräuterbüschel hingen, deren Bestimmung aber Paul nicht genau einordnen konnte. Nach dem wuchtigen Ofen, rechter Hand ein relativ großes und stabiles Bett, davor ebenfalls ein Vorhang, dessen verblichene Grün- und Gelbtöne an abgeerntete Felder erinnerte.

Wenn auch über dem Herd nur das Allernötigste an Küchengerätschaften hing, so strahlte der Raum eine Behaglichkeit aus, die ihn verwunderte, wenn er an die ganze Vernachlässigung rund ums Haus dachte.

Auf der langen Eckbank lag ein Kissen, das mit einem bunten Muster bestickt war und im Herrgottswinkel links und rechts neben dem Kruzifix, Maria und Jesus. Wunderschöne Hinterglasbilder, die man in der Gegend von Außergefield sehr häufig sah. Aber das schönste war eine am Kreuz befestigte Blumengirlande, deren zartrosa geformte Blüten, der wilden Hundsrose[28] die daheim am Waldrand wucherten, glich.

Die Frau war seinem staunenden Blick gefolgt und mit einem Lächeln, das ihr Gesicht plötzlich auf wundersame Weise verschönerte meinte sie: „Die Blumen hat Ernestine gemacht, sie sind aus Papier und sehen fast echt aus. Sie hat noch etliche davon und wenn der Hausierer[29] kommt, kauft er uns immer welche ab, oder wir tauschen etwas dafür ein."

Ernestine hieß sie also! Paul ließ den Namen in sich nachklingen. Forschend musterte er die Stubentüre. Wo sie wohl blieb?

---

28 Heckenrose

29 Händler der von Haus zu Haus geht

Die Bäuerin, denn die war es, stellte eine Schüssel Mehlsuppe vor sie hin.

Paul murmelte verlegen ein „Vergelts Gott", worauf sie „Segn`s Gott" erwiderte und daraufhin machten sie sich nun heißhungrig über die Suppe her.

„Das Brot ist gut!" Anderl säbelte sich bereits die zweite Scheibe ab und quittierte Pauls mahnenden Stoß mit dem Ellbogen nur mit einen verständnislosen Achselzucken.

„Wir haben heute erst gebacken!"

Die Frau schob sich eine vorwitzige Haarsträhne unters blaue ausgeblichene Kopftuch und musterte sie nachdenklich. Ihr ebenmäßiges Gesicht mit den feinen Zügen wirkte recht ansprechend, nur die feinen Falten um die Augen und die tieferen um ihren Mund verliehen ihr ein sorgenvolles Aussehen.

„Wie viele Gänse wollt ihr kaufen?"

„Kommt darauf an, wie viel ihr verlangt." Paul versuchte seiner Stimme einen geschäftsmäßigen Klang zu verleihen, so als hätte er schon unzählige Male Gänse aufgekauft.

Sie überlegte eine ganze Weile, als würde sie im Kopf sämtliche anfallende Unkosten der nächsten Zeit zusammenrechnen. Schließlich nannte sie den Preis für zehn Gänse; unter dieser Zahl würde sie keine abgeben, der Paul angemessen vorkam, aber bevor er seine Zustimmung geben konnte, protestierte Anderl lautstark.

„Das ist zu hoch angesetzt, letztes Jahr waren sie viel billiger!"

Die Frau starrte ihn wortlos an. Ihr bekümmerter Ausdruck in den Augen rührte Paul.

Im Geiste überflog er seine Barschaft. Auch wenn er den geforderten Preis zahlen würde, ihm kam der beileibe nicht zu hoch vor, so war ein einträgliches Geschäft zu machen. Er konnte leicht fünfzig Stück erwerben. Allerdings wusste er nicht, wie viel Anderl zu kaufen gedachte. Er wollte gerade fragen, wie groß der Bestand der Gänse eigentlich wäre, als ihm Ernestine, so hieß sie wohl, ins Wort fiel. Sie hatte unbemerkt die Stube wieder betreten und anscheinend die letzten Worte von Anderl gehört. Nun funkelte sie diesen zornig an.

„Dich kenne ich noch vom letzten Jahr, da hast du auch keine Ruhe gegeben, bis du Mutter deinen Willen aufgezwungen hast! Du bist mir vielleicht einer. Sauber daher steigen und dann kein Geld im Sack. Das sind mir die liebsten!"

Sie hatte sich mit verschränkten Armen vor Anderl aufgebaut und nun flog doch so etwas wie Schamröte über sein Gesicht.

Verlegen meinte er: „Wir können ja in Ruhe darüber verhandeln."

„Verhandelt wird nicht, entweder ihr zahlt den genannten Preis oder ihr geht dahin wo ihr hergekommen seid!"

Paul starrte sie verwundert an. Er kannte etliche Bauerntöchter oder Mägde im Umkreis von Reichenau, aber bis jetzt war ihm noch keine begegnet, die einem ausgewachsenen Mannsbild so über den Mund fuhr. Die meisten hielten ihn wohlweislich und führten sich sittsam auf, was bei diesem „Zornhaferl" anscheinend nicht der Fall war.

Er warf Anderl einen auffordernden Blick zu und meinte nachdrücklich: „Der Preis ist annehmbar, ich handle ihn nicht mehr herunter, wie du das halten willst, ist deine Sache." Dieser bekam erneut einen hochroten Kopf, grummelte etwas Unverständliches vor sich hin und tauchte den Löffel geräuschvoll in die Suppenschüssel.

Paul musterte seinen Gegenüber. Es stimmte, Anderl war verhältnismäßig gut angezogen. Unter einer dunklen Lodenjoppe, dessen Ärmel noch keine abgewetzten Stellen wie die seiner eigenen zeigten, trug er eine ebenso dunkle Tuchweste und ein noch relativ sauberes kragenloses Leinenhemd. Darüber das obligatorische Halstuch, allerdings blau mit weißen Punkten und nicht ein so mausgraues wie Paul. Dazu einen weitscheibigen Hut, der jetzt auf der Eckbank neben dem von Paul lag und sich von dem seinen unterschied, wie ein Fasan von einer Krähe. Die Schuhe hatten sie auf Geheiß von Ernestine im Vorhaus ausziehen müssen, denn die Stube betrat man nur entweder barfuß oder in Socken. Pauls abgewetzte Stiefel, die eigentlich Jakob gehörten, nahmen sich neben den halbhohen braunen Rindslederstiefeln von Anderl etwas schäbig aus.

Anderls unbekümmerter Gesichtsausdruck verlieh ihm ein verschmitztes Aussehen, als könne ihm nichts und niemand etwas anhaben. Der Schnurrbart, den zwar Paul auch trug, wirkte bei ihm um einiges besser. Dazu das freche Grinsen, das bei den Weiberleuten besonders gut ankam, wie dieser öfters beteuerte.

Im Großen und Ganzen sah er um einiges besser aus als Paul mit seinen nachdenklichen Augen, die weder blau noch grau waren. Was seine Tante Theres, die sich nie ein Blatt vor dem Mund nahm, einmal zu der Bemerkung veranlasste: „Der Bub hat Augen wie eine Gans!"

Dies rief in ihm nur ungute Erinnerungen hervor.

Auch ließ seine Statur Anderl gegenüber zu wünschen übrig. Dieser war hochgewachsen, mit breiten Schultern und einem blonden Haarschopf, um den ihn so manches Mädel beneidet hätte.

Paul war nicht besonders groß, aber dafür zäh. Das hatte er schon oft daheim bei der schweren Feldarbeit bewiesen.

Erneut musterte er seinen Gegenüber.

Was soll`s! Sie waren schließlich zum Gänsekaufen hier und nicht auf Brautschau!

Ernestine hatte er aber anscheinend nicht beeindruckt, eher im Gegenteil. Diese Überlegung erfüllte ihn plötzlich mit geheimer Befriedigung und er tauchte nun ebenfalls seinen Löffel in die Suppenschüssel, bevor Anderl noch den letzten Rest vertilgte.

Die Bäuerin wies ihnen anschließend ihr Nachtlager zu, das sich in einem Verschlag neben dem Schweinekoben befand. Auf seine neugierige Frage, wo sich eigentlich der Bauer befände, winkte sie nur etwas verlegen ab. Er wäre in Geschäften unterwegs und käme erst morgen Abend zurück. Paul hütete sich weiter nachzufragen. Er konnte sich sowieso denken, welche Geschäfte dies waren. Entweder paschen oder wildern. Was sollte es in dieser abgelegenen Gegend sonst wohl für Geschäfte geben. Nun ihm konnte dies egal sein.

Nun lag er hier auf einem Haufen Stroh, mit ein paar fadenscheinigen Decken, die nicht wärmten, den schnarchenden Anderl neben sich und fand noch lange keinen Schlaf.

Zwischen hölzernen Rechen und Heugabeln, geflochtenen Schwingen, altem Besenreiser, Bürsten und Striegeln und sonstigem Kleinkram war es mehr als ungemütlich. Es roch nach Mist und den Ausdünstungen der Sau von nebenan und durch die Ritzen des Verschlages kroch erbarmungslos die nächtliche Kühle, tränkte alles mit dunstigen Schleier.

Von all dem nahm er nichts wirklich wahr. Vor seinen Augen schob sich immer wieder das Gesicht von Ernestine. Ihr aufbrausendes Verhalten Anderl gegenüber löste in ihm eigenartigerweise mehr ein Gefühl der Bewunderung aus als ihn zu verunsichern.

Anderl dagegen meinte, solch eine „Harsche" könnten sie ihm mit Goldtaler aufwiegen, er würde die Füße in die Hand nehmen und rennen so weit er nur könne.

Energisch zwang er sich, seine Gedanken von Ernestine weg und auf das Naheliegende zu richten.

Bei Tagesanbruch würden sie aufbrechen müssen, um Buchwald, den vereinbarten Treffpunkt, mit den Gänsen rechtzeitig bis zum Einbruch der Dunkelheit und die kam um diese Jahreszeit schon früh, zu schaffen.

Über den Rückweg war er sich nicht ganz im Klaren. Mit den Gänsen durch den Hochwald?

Aber auf seine Frage, ob es denn keinen einfacheren Weg nach Buchwald geben würde, zuckte die Bäuerin nur mit den Schultern. Sie sei noch nie weiter als in die Kirche bis nach Neugebäu gekommen.

Als er letztes Jahr bei den Treibern war, mieden sie die Wälder und trieben die große Gänseschar, es waren an die fünfhundert, in kleineren Gruppen zu je ungefähr hundert Stück von Dorf zu Dorf, abgeerntete Felder und kleine Bäche nutzend, um die Gänse weiden zu lassen und auch zu tränken. Dank der scharfen Schnabelkanten konnten sie auch sehr kurzes Gras fressen. Schließlich sollten sie wohlbehalten in Gänswies ankommen.

Die Dörfler halfen ihnen beim Durchtreiben und die Bauern in der Nähe boten ihnen gegen ein geringes Entgelt ein Nachtlager und etwas zu essen an. Die Gänse wurden in Scheunen untergebracht, um sie vor den Füchsen, die es in den Wäldern zur Genüge gab, zu schützen.

Anderl meinte aber, die Strecke durch den Wald sei durchaus zu schaffen.

Im vorigen Jahr hätten ein paar der Händler versucht, von Süden her über Ferchtenhaid in die Gegend von Kaltenbach und Planie zu gelangen. Aber plötzlich befanden sie sich im Hochmoor; dem Königsfilz. Es waren zwar vereinzelt Bohlenstege angelegt, aber nur mit großem Glück kamen sie in der Nähe von Neugebäu wieder heraus. Mit den Gänsen da durch, ein Ding der Unmöglichkeit!

So hatte Anderl auch im vergangenen Jahr schließlich den Rückweg durch den Hochwald genommen und diesen ungehindert passiert. Bei Außergefield gab es dann wieder genügend freie Flächen, um die Gänse südlich nach Buchwald zu treiben. Nach dieser ausdrücklichen Versicherung war Paul etwas beruhigt. Nun, man würde sehen.

Er hatte wirklich fast alle Gänse, fünfzig an der Zahl, zu dem geforderten Preis erstanden! Nur den prachtvollen Ganter und zwei Legegänse – eine konnte bis zu sechzig Eier im Jahr legen – wurden für das kommende Jahr zur Aufzucht behalten. Mehr konnten sie im Winter sowieso nicht in dem winzigen Anbau neben dem Stall durchfüttern.

Sie wurden alle mit einem roten und einem blauen Ring um den Fuß gekennzeichnet, um sie später in der großen unübersichtlichen Schar nicht aus den Augen zu verlieren.

Hinterher gestand ihm Anderl etwas kleinlaut, er habe momentan überhaupt kein Geld, um irgendwelches Federvieh zu kaufen, aber dies sei nur vorübergehend, bald wäre er wieder gut bei Kasse. Ob Paul ihn vielleicht als Treiber entlöhnen würde?

Dies lehnte er entschieden ab, schließlich war seine Barschaft bis auf einen geringen Betrag zusammengeschrumpft. Er bot Anderl daraufhin als Lohn zwei Gänse an, wenn er ihm half, sie die Strecke heimwärts zu treiben.

Dieser nahm mit einem gleichgültigen Achselzucken an. „Besser als nichts ist es alleweil."

Ernestine hatte sich nach ihrer vehementen Schimpftirade nur noch kurz blicken lassen, ihren kleineren Geschwistern die schmutzigen Gesichter gewaschen, jedem ein Stück Brot in eine Schüssel mit warmer Milch eingebrockt und sie anschließend irgendwo über eine Stiege nach oben gebracht.

Dabei hatte sie ihn ab und zu verhalten gemustert, aber Paul tat so, als ob er nichts davon bemerkte.

Nun schalt er sich selbst einen Narren.

Er wollte nicht gehen, nicht bevor er einen letzten Blick in diese Hexenaugen geworfen hatte, die alles um ihn herum und ihn selbst hoffnungslos verzauberten. Bei diesem Vorsatz übermannte ihn endlich der ersehnte Schlaf.

Ernestine lag ganz eng an die Kante ihres Bettes gedrückt. Die gewohnten nächtlichen Geräusche ihrer Geschwister hatten etwas schmerzlich Tröstendes, hörte sie diese doch heute Nacht zum letzten Mal in ihrem Leben.

Ihr Entschluss stand endgültig fest. Sie würde Mutter morgen früh darum bitten, die Gänse ins Bayerische treiben helfen zu dürfen und sie würde nicht mehr zurückkommen. Bei dem Gedanken daran, die kleinen Geschwister und vor allen Dingen Mutter in ihrem Zustand alleine zurückzulassen, beschlich sie nun doch ein wehmütiges Gefühl. Wenn sie jedoch diese günstige Gelegenheit nicht wahrnahm, würde sie wahrscheinlich den Rest ihres Lebens in dieser elenden Einöde verbringen, oder noch schlimmer, einem der ungeschlachten Bauernburschen zum Weib gegeben und die Plackerei nähme nie ein Ende.

Sie hatte die Blicke wohl bemerkt mit denen sie dieser Bayernbursche, Paul hieß er, verstohlen betrachtete.

Dagegen hatte sie ihn ungeniert gemustert, und was sie sah war gar nicht so übel. Sie bemerkte wohl den weichen Zug um den Mund und seine nachlässige Haltung, aber die Sanftheit seiner Augen hatte in ihr eine verborgene Saite zum Klingen gebracht. Der braune Haarschopf, der etwas widerspenstig nach der Seite wuchs, weckte in ihr das unsinnige Verlangen, mit der Hand darüber zu streichen und je mehr sie sich seine Gesichtszüge vor Augen hielt, umso heftiger wurde ihr unbestimmtes Sehnen und Wollen.

Sie hatte äußerlich völlig unbeeindruckt, aber insgeheim staunend seiner Schilderung über den Jògowerlhof; ein seltsamer Name, zugehört. Es gab dies also wirklich, von dem der Zeisl-Martl immer so wortreich erzählte.

Er bewirtschaftete anscheinend den Hof nur mit einem Onkel, einer alten Tante, und seiner Mutter. Vielleicht konnten sie Hilfe brauchen und dann – dann würde man sehen. Sie wagte nicht, den Gedanken weiterzuspinnen, so verlockend dies auch war.

Sie würde gehen!

Leid tat es ihr um die versprochenen neuen Schuhe aus dem Erlös der Gänse, schließlich hatte sie das ganze Jahr, wie die Jahre zuvor für die Federschar gesorgt.

Nur eine Einzige war ihr in all dieser Zeit von einem Fuchs geraubt worden. Oder war es etwa ein Wolf? Schon der Gedanke daran flößte ihr namenlose Furcht ein.

Im vergangenen Winter, einer der strengsten und härtesten seit sie sich erinnern konnten, so sagten jedenfalls die Alten im Dorf, tauchten die Wölfe einmal im abendlichen Dämmerlicht wie Geisterschatten am oberen Waldrand auf. Vater ging mit dem Gewehr im Anschlag bis zu den obersten Apfelbäumen, deren unterste Äste im meterhohen Schnee wie ausgebreitete Fächer auf dem gefrorenen Boden lagen, sorgfältig darauf bedacht sich nicht zu weit vom Haus zu entfernen. Bei dem Widerhall der peitschenden Schüsse hatten sich alle unter dem Tisch verkrochen, Ernestine mit eingeschlossen. Von da an blieb der Waldrand schattenlos ruhig.

Aber in mondhellen Nächten wenn der schneidende Ostwind über die Dächer fegte, glaubte man von ferne ihr langgezogenes Geheul aus den unendlichen Tiefen der böhmischen Wälder zu erahnen und Ernestine verkroch sich schutzsuchend an Agnes Schulter.

Sie hasste den Winter!

Mit seiner beißenden Kälte und dem Böhmwind, der durch alle Ritzen und undichten Stellen ins obere Stockwerk drang. Wenn die Winterstürme anfingen, waren alle mehr oder weniger ans Haus gefesselt. Die Stube war erfüllt von Küchendünsten, der Boden mit Sägespänen von den anfallenden winterlichen Schnitzarbeiten übersät, und es war manchmal nicht einfach, die große Anzahl der übrigen Familienmitglieder zu ertragen.

Es war dies der einzige Raum, der geheizt wurde und so einigermaßen die Sicherheit von Wärme versprach. Die kleine Bubenkammer gegenüber war eisigkalt und es kam immer wieder vor, dass die Innenwände am Morgen mit einer feinen Reifschicht bedeckt waren und nur im Laufe des Vormittags auftauten, um dann in der nächsten Nacht wieder anzufrieren.

Tagsüber wurden die Strohsäcke darin aufbewahrt und zur Nachtruhe hervorgeholt. Sie lagen dann alle mehr oder weniger nebeneinander auf dem Boden in der Stube, jedes freie Fleckchen ausnutzend. Die Schneewehen türmten sich oft bis zu den mit Stroh ausgepolsterten Fenstern auf.

Der Winter würde dieses Jahr früh kommen, alle Anzeichen sprachen dafür.

Es war Zeit zu gehen!

Noch ein Jahr und ich ende mit dem gleichen verlorenen Blick wie Mutter.

Betrübt dachte Ernestine an das Ungeborene in deren schwellenden Leib, an all die Arbeit und Plage, die sie jetzt ohne ihre Hilfe bewältigen musste.

Plötzlich wallte Trotz in ihr auf. Soll halt Vater öfters daheim bleiben und schließlich war ihre Schwester Agnes schon groß genug, um ihre Stelle einzunehmen, zumindest hatte diese das Bett ab morgen für sich allein.

Die leisen Gewissensbisse waren im nächsten Augenblick vergessen, verdrängt.

Ihre Gedanken wanderten nach Westen und mit einem erwartungsvollem Lächeln machte sie sich träumend auf den Weg …

Hebe dein Haupt
mutig im Wind des Lebens
– wenn alles sich beugt
– biege dich nur
und wende dein Gesicht
voll Vertrauen
nach oben
denn selbst der stärkste Sturm
geht irgendwann vorüber.

Marianna

Böhmen, Planie 1878

Schwerfällig wälzte sich Marianna in ihrem Bett vorsichtig auf die linke Seite. Das Ungeborene in ihr, trat ihr mit sanfter Wucht gegen die Bauchdecke und hinderte sie somit fortwährend am Einschlafen. Sie ahnte es, wusste es fast mit absoluter Bestimmtheit, hatte es an dem hoffnungsvollen Ausdruck in den Augen ihrer Tochter erkannt. Sie würde morgen früh weggehen, mit diesem fremden Bauernburschen, der sie mit seinem sanften Blick geradezu verschlungen hatte.

Schon lange bemerkte sie sorgenvoll, was Ernestine bewegte, ihr im Kopf umging, wenn sie ihren sehnsüchtigen Blick über die Wälder westwärts wandte, als wolle sie einem Bussard gleich, darüber hinweg streichen.

Wie sollte sie es auch nicht wissen, waren es doch ihre eigenen Träume, die sich in den Augen Ernestines widerspiegelten.

Noch einmal jung sein und ein neues, besseres Leben beginnen! Weg aus dieser Enge, wo es trotz aller Mühsal immer nur für das Nötigste reichte, der mürrischen Schweigsamkeit ihres Mannes und der stetig wachsenden Zahl, hungriger Mäuler.

Früher war Lorenz ganz anders, früher …

Sie war damals ein blutjunges Ding. Die Jögibäuerin hatte wie alle Jahre zuvor, zum Federnschleißen eingesagt. Dies war eine Arbeit, die den Wintermonaten vorbehalten war und bei der sich die Frauen gegenseitig halfen.

Der Federkiel musste mit den Fingernägeln von den Gänsefedern entfernt werden, die später in Kissen oder den Tuchent[30] gefüllt wurden. Auch Mädchen halfen dabei mit, ging es ja oft auch schon um ihre Aussteuerbetten.

Die Arbeit war zeitaufwendig. Die feinen Daunen flogen bei der geringsten unachtsamen Bewegung in der Stube umher, nichtsdestotrotz waren es immer sehr unterhaltsame Nachmittage oder Abende.

30 Oberbett

Die alten Geschichten und Volkssagen machten die Runde und je gruseliger, desto beliebter waren diese.

Der letzte Abend des Schleißens wurde recht fröhlich begangen. Die Bäuerin tischte eine große Schüssel mit Krapfen auf und es konnte nach Herzenslust zugelangt werden.

Auf einmal flog die Stubentür krachend auf und zwei verkleidete Gestalten mit maskiertem Gesicht tanzten in die Stube herein. Jede trug und tanzte mit einer, mit Stroh ausgestopften Puppe in Männerkleidung, dem „Federmandl" wirbelnd durch den Raum. Ein Ziehharmonikaspieler begleitete den übermütigen Tanz mit lustigen böhmischen Weisen.

Der Musikant war Lorenz! Er beherrschte das Instrument wie selten einer; lockte, verlockte und ließ Marianna nicht mehr aus den Augen.

Ihr gefiel dieser Bursche mit seinem kecken dunklen Schnauzer und dem frechen Blick auf Anhieb. Bald drehten sich alle im Tanz und Lorenz setzte sich mit seiner Harmonika neben sie auf die lange Fürbank, spielte nur noch für sie.

Er war es auch, der sie später nach Hause brachte und im Frühjahr darauf heirateten sie. So zog sie auf die Hochebene nach Planie in sein Elternhaus. Eine lange Zeit ging alles gut. Es war ein frohes Miteinanderschaffen. Lorenz hatte oft einen Scherz auf den Lippen, brachte sie damit zum Lachen und die Arbeit ging ihnen mit Leichtigkeit von der Hand. Sein Vater tischlerte nebenbei und so kam immer zusätzlich Geld ins Haus.

Sie waren jung und die ganze Zukunft, das ganze Leben lag noch vor ihnen. Die Tage waren angefüllt mit Arbeit, doch die Nächte gehörten ihnen. Sie waren verrückt nacheinander und so wurde sie bald schwanger. Beim ersten Kind, sie nannten den Buben Johann nach seinem Großvater, war er noch ganz der fürsorgliche Ehemann.

Als vier Jahre darauf Ernestine auf die Welt kam, war ihre kleine Welt noch in Ordnung und Lorenz ganz hingerissen von seiner kleinen Tochter, die ihm in so vielen ähnlich war.

Es kamen Karl, Franz, dann Agnes, und ihre Familie wurde immer größer.

Kurz darauf starb überraschenderweise sein Vater. Er war neben der Hobelbank mitten unter einer angefangenen Schreinerarbeit zusammengebrochen. Sie fanden ihn erst spät am Abend, als er nicht zur gewohnten Zeit zum Nachtmahl erschien.

Die Zeiten wurden schwieriger, die Lebensumstände schwerer, das Geld knapper und der Kindersegen mehr. Lorenz fing zu paschen an, wie so viele im Grenzgebiet. Auf ihre Ängste, ihr inständiges Flehen es doch zu lassen, nahm er keine Rücksicht. Als dann auch noch seine Mutter starb, mit der sie sich sehr gut verstanden hatte, blieb ihr nur noch die tägliche Sorge um die ständig wachsende Kinderschar. Ihre wachsende innere Einsamkeit konnte sie mit niemanden teilen.

Lorenz wurde von Jahr zu Jahr mürrischer und schweigsamer. Die Ziehharmonika hatte er längst verkauft. Vorbei die fröhlichen Abende, wo er sie um die Mitte nahm und versuchte, einhändig eine Polka zu spielen. Vorbei …

Sie würde ihr fehlen, diese ihre älteste Tochter!

Ihre Tatkraft, die Fürsorge für die Kleinen und die entschlossene Art um mit ihren manchmal ungehobelten Brüdern fertig zu werden.

Aber Marianna konnte es verstehen. Ernestine war heuer zwanzig geworden und es wurde langsam Zeit, dass sie unter die Haube kam. Nur wo sollte in dieser Einöde, Planie war ein Weiler mit weit verstreuten Gehöften und jeder kannte jeden schon seit ewigen Zeiten, ein Mann auftauchen, der sie zur Frau haben wollte?

So leicht würde sie auch keiner nehmen. Sie hatte einen eigenwilligen Kopf und ihre manchmal jähzornigen Anwandlungen ließen sogar die Brüder ihr vorsorglich aus dem Weg gehen, der Gefahr eines zufällig in ihre Richtung geworfenen Holzscheites ausweichend. Diese Unbeherrschtheit hatte sie von ihrem Vater geerbt, sowie auch das etwas herbe Kinn, das so gar nicht zu ihrem sonst ebenmäßigen Gesicht passen wollte.

Aber man übersah dies völlig beim Anblick ihrer ausdrucksvollen Augen und der dunklen Haarfülle, die nur in zwei streng geflochtenen Zöpfen zu bändigen war.

Ein einziges Mal, Ernestine war damals ungefähr fünf Jahre alt, löste sie heimlich die etwas zu straffen Flechten, aber es dauerte nicht lange und sie hatte sich mit ihrer Haarflut beim Klettern im Geäst des Apfelbaumes verfangen. Lorenz musste mit einer Leiter zu ihr hochsteigen und sie mit der Schere aus dem Gewirr der Zweige befreien.

Ernestine weinte den Rest des Tages, unter der Bank im Herrgottswinkel versteckt, um ihre verlorenen Haare und von da an kam sie jeden Morgen von selbst und ohne zu murren zum Zöpfe flechten. Seit sie zwölf war, besorgte sie dies allerdings alleine.

Sie würde ihr fehlen, gerade in der kommenden Zeit.

Mit einem unterdrückten Seufzer strich sie sich über die gespannte Bauchdecke.

Mit meinen fast dreiundvierzig Jahren bin ich eigentlich viel zu alt zum Kinderkriegen, kam es ihr in den Sinn, aber was kann man dagegen machen?

Der Pfarrer predigt: „Kinder sind von Gott gegeben!“ Aber wie man sie satt bekommt, predigt er nicht.

Nun, der Herrgott gibt`s und der Herrgott nimmt`s!

Mit der rechten Hand griff sie in Kissenhöhe suchend unter den Strohsack.

Der grobe Leinenbeutel, fast prall gefüllt mit Münzen vermittelte ihr ein beruhigendes Gefühl von Sicherheit. Sie hatte lange gespart, vom Erlös der Gänse immer heimlich etwas beiseite genommen. Lorenz wusste nie genau, wie viel die Bayerischen für das Federvieh zahlten.

Morgen würde sie es ihrer Tochter mit auf den Weg geben.

Es war ihre einzige und vielleicht letzte Möglichkeit, ihr ihre Liebe zu zeigen und ihr den Anfang in eine neue und hoffentlich bessere Zukunft zu erleichtern. Sie verdiente ein besseres Leben.

„Moahm?“[31]

Marianna hob benommen ihren Kopf vom Kissen, versuchte sich in der Düsternis der Wohnstube zurechtzufinden.

„Moahm!“ Eine leichte Hand berührte sie an der Schulter. „Ich muss mit dir reden!“

Noch schlaftrunken versuchte sie die Unschlittkerze, die neben ihr auf dem Kasten stand anzuzünden, was ihr aber erst nach dem zweiten Versuch gelang.

Vor ihrem Bett stand Ernestine. Mit ihrem hellem Leinenhemd und den zerzausten Haaren sah sie aus wie ein geisterhafter Nachtmahr.

Schweigend blickte Marianna ihre Älteste an. Sie wusste, was jetzt kommen würde.

„Ich gehe morgen mit nach Bayern, ich …“, hier brach ihre Stimme mit einem unterdrückten Laut ab. Um Verständnis heischend, blickte sie ihr ins Gesicht.

„Ich wollte nicht so gehen, so ohne ein Wort, ich wollte nicht, aber ich möchte, ich muss …“, stotternd brach sie ab.

Marianna seufzte ergeben. „Ich weiß, ich weiß schon lange, dass du weg willst, weg von dem hier.“ Mit einer umfassenden Handbewegung schloss sie all dies um sie herum ein.

„Ich verstehe dich ja, aber willst du nicht doch vorher noch mit dem Voda[32] reden. Er kommt morgen zurück.“

„Nein! Wer weiß, wo dann die Ganshändler morgen sind. Es ist meine einzige Gelegenheit hier wegzukommen und …“, hier stockte sie erneut.

„Paul wird nichts dagegen haben, er braucht Hilfe auf seinem Hof.“

„Hast du mit ihm schon darüber gesprochen?“, wunderte sich Marianna.

„Ja, er sagte, er braucht dringend jemanden“, log Ernestine, den Blick betreten abwendend.

---

31 böhmisch für Mutter

32 böhmisch für Vater

„Aber dann bist du auch nicht mehr als eine Magd, überleg dir das gut, ob du so ins Ungewisse gehen willst."

Ernestine zog unwillkürlich unter dem prüfendem Blick unbehaglich die Schultern hoch.

„Ich kann arbeiten, das weißt du. Was dann daraus wird?" Eine leichte Verlegenheitsröte überflog ihre Wangen.

Unbeholfen erhob sich Marianna von der Bettstatt, tappte mit bloßen Füßen in die Dunkelheit.

Sie kam mit einem Bündel in der Hand zurück und legte es auf das Bett. Ein dunkelblauer Rock, ein schwarzer Spenzer, eine ebenfalls kurze dunkle Jacke mit Schößen und dazu eine blauseidene Schürze, das sogenannte „ Fürtuch" – ihre beste Kleidung, ihr Kirchgewand.

Noch gut erhalten, da sie es durch die vielen Schwangerschaften oft nicht tragen konnte. Daneben stellte sie ihre schwarzen, allerdings schon etwas abgetretenen Sonntagsschuhe.

Schließlich griff sie am Kopfende unter den Strohsack und holte einen prallgefüllten Beutel hervor.

„Nimm alles, in Gottes Namen und mach das Beste daraus." Zögernd drückte sie ihre Tochter leicht an sich.

Scheu strich Ernestine über den gewölbten Leib.

„Wirst du ohne mich zurechtkommen?"

„Agnes wird deine Stelle einnehmen!"

Ernestine wich eigentümlich berührt einen Schritt zurück. Das hörte sich an als sei sie bereits gestorben, aber vielleicht bin ich das von nun an für die Familie, schoss es ihr wehmütig durch den Sinn.

Vater würde ihr ihren heimlichen Weggang jedenfalls nie verzeihen.

Marianna ging zum Weihwasserkessel neben der Stubentür, zeichnete andächtig das Kreuzzeichen auf die Stirn ihrer Tochter.

Es kommt, – wie`s kommt und es wird schon recht werden, so Gott will …

Dem Ziel
unbeirrbar
entgegengehen –
und die Hindernisse
werden zu milchigen
Schatten.

Aufbruch

Paul war schon sehr früh wach geworden und stand nun in der herbstlichen Morgenkühle vor dem Stall, dessen rissige Balken auch schon bessere Tage gesehen hatten.

Nebelschwaden woben ihre dunstigen Schleier in den unteren Lagen, verwischten die scharfen Konturen der Bäume zu verschwommenen Mustern. Die Luft war erfüllt von einer klaren Frische, die bereits eisige Wintertage erahnen ließ. Paul atmete in tiefen Zügen, fühlte wie langsam sein Kopf wieder klarer wurde.

Er hatte furchtbar schlecht geschlafen, mit wirren Träumen, in denen unzählige Gänse umherflatterten, dazu das entnervende Geschnarche von Anderl, der ungeachtet des unbequemen Nachtlagers seelenruhig schlummerte. So wälzte er sich die halbe Nacht unruhig von einer Seite auf die andere und war deshalb froh, als der erste fahle Dämmerschein durch die Ritzen des mehr oder weniger undichten Bretterverschlages drang.

Im Haus war immer noch alles ruhig und so wandte er sich kurz entschlossen linker Hand dem Gebäude zu, wo in einen ausgehöhlten Baumstamm ein dünnes Rinnsal plätscherte. Das Quellwasser war eisig kalt und nachdem Paul davon getrunken und sich einige Handvoll davon ins Gesicht geklatscht hatte, fühlte er sich augenblicklich besser und die benommene Schläfrigkeit verflog schlagartig.

Überrascht blieb er stehen.

Die niedrigen Stauden, verdorrten Halme, sogar die Gräser ringsherum waren überzogen von unzähligen Gespinsten, die im diffusen Morgenlicht silbern schimmerten.

Ihm fiel ein, was seine Tante Theres darüber erzählte.

Das dies die Haare der weisen alten Frauen seien, die sie beim Kämmen verloren hatten und die der Herbstwind durch die Lüfte trug. Flugsommer – so nannte man diese Jahreszeit.

Jetzt, Ende Oktober war dies aber sehr ungewöhnlich. Außerdem! Wenn man eine dieser Spinnweben um die Finger wickelte, konnte man einen Wunsch äußern – und dieser ging in Erfüllung. Paul berührte eines der hauchzarten Gebilde. Was sollte er sich wünschen? Unwillkürlich tauchte vor seinen Augen das Gesicht von Ernestine auf und nahm ihm den Atem.

„Wann brechen wir auf?"

Erschreckt fuhr Paul herum. Ernestine stand keine drei Schritte von ihm entfernt und blickte ihn fragend an. Er hatte sie überhaupt nicht kommen gehört.

Verwundert musterte er sie. „Wieso wir?"

„Ich komme mit und helfe euch die Gänse bis zur Grenze treiben!", erklärte sie mit Nachdruck in der Stimme, so als wolle sie jede Widerrede bereits im Keim ersticken.

„Das … das … braucht es nicht, wir treffen uns mit den anderen Händlern in Buchwald und ziehen von da an in Gruppen über die Grenze. Es werden zwar bestimmt wieder einige hundert Gänse sein, aber wir haben genügend Leute."

Ernestine blickte ihn forschend an.

Erneut fühlte Paul, wie ihn diese unergründlichen Augen in seinen Bann zogen.

Zum Teufel noch mal! Wenn sie ihn nur ansah, bekam er schon weiche Knie und begann zu stottern wie ein kleiner Schulbub, der vor dem Lehrer stand und ausgefragt wurde. Was war nur mit ihm los?

„Aber bis Buchwald seit ihr nur zu zweit. Die Strecke führt durch den Hochwald und es ist nur ein schmaler Pfad. Die Gänse kennen mich von klein an und sie folgen mir, wenn ich vorangehe." Fast flehend sah sie ihn an.

Paul wurde unsicher. Unschlüssig verlagerte er sein Gewicht von einem Bein aufs andere.

„Aber ich kann dir nichts bezahlen!"

„Das braucht es nicht!" Ein erleichtertes Lächeln überzog ihr Gesicht und ließ eine Anzahl weißer Zähne sehen. Nur der rechte Eckzahn stand vorwitzigerweise etwas schief, unterbrach die ansonsten gleichmäßige Reihe.

Paul fühlte bei diesem Anblick ein sonderbares Ziehen in der Herzgegend. Ihn rührte diese kleine Unregelmäßigkeit, sie gab ihr etwas Kindliches und am liebsten hätte er den Arm um sie gelegt und sie beschützt …

Verwirrt fuhr er sich über die Augen. Was für seltsame Gedanken. Wovor denn beschützen? Sie vermittelte nicht den Eindruck, als ob sie sich vor irgendwas oder irgendwem fürchtete.

Wieder dieser bittende Blick, von dem er sich so schwer lösen konnte. Unbehaglich wandte er ihr demonstrativ den Rücken zu.

Barscher, als beabsichtigt entgegnend: „Meinetwegen, aber ich muss erst mit dem Anderl reden."

Als hätte dieser nur darauf gewartet, öffnete sich die Stalltüre und er stand gähnend in der Öffnung, etwas überrascht die beiden musternd.

„Ernestine will uns bis Buchwald treiben helfen!"

„Warum das? Wir beide werden doch wohl das bisschen Federvieh allein treiben können. Ich will kein Weibervolk dabeihaben!" Anderl verzog anzüglich den Mund.

Ernestine musterte ihn abschätzend von oben bis unten, die Mundwinkel ebenso spöttisch verzogen.

„Wenn euch die Gänse in den Wald flattern, könnt ihr sie bis zum Sankt Nimmerleinstag suchen. Nördlich Richtung Innergefield zu, befindet sich das Riedmoor, da wünsch ich dir dann viel Glück dabei, wenn du bis zu den Hüften im Dreck steckst. Gönnen würde ich es dir ja, aber um meine Gänse wäre es schade."

„Deine Gänse?", giftete er zurück. „Soviel ich weiß, habt ihr sie gestern verkauft!"

Anderl`s Miene zeigte dennoch einen leichten Anflug von Unsicherheit. Die moorigen Filzen waren ihm sowieso nicht geheuer.

„Also gut, wann brechen wir auf?"

„Je früher, desto besser." Paul konnte es fast nicht mehr erwarten, von dieser Einöde wegzukommen.

Jetzt waren sie schon seit über einer Stunde unterwegs.

Ernestine ging zielstrebig voran und die Gänseschar folgte ihr wie einem Leittier.

Selbst Anderl hatte seine anfänglichen spöttischen Bemerkungen eingestellt, reihte sich aber demonstrativ ganz am Schluss ein. Er wolle von dieser „Bissgurke" so weit entfernt wie nur möglich sein, war sein einziger Kommentar. Seitdem trottete er wortkarg am Ende der Gänseschlange dahin, nur um von Zeit zu Zeit anzuhalten und sich eine gehörige Prise Schnupftabak unter die Nase zu reiben.

Paul musste insgeheim schmunzeln. Anderl ähnelte mit seiner tabakbestreuten Nase samt Schnurrbart mittlerweile eher einem Waldschrat als einem gutaussehenden Burschen und seine verkniffene Miene trug noch das ihrige dazu bei.

Er selbst konnte der ganzen Schnupferei nichts abgewinnen. Manchmal probierte er gezwungenermaßen eine Prise; fast alle Burschen schnupften, aber es kam ihm vor, als würde man sich dabei das halbe Gehirn herausniesen und so ließ er es lieber bleiben.

Nun schlängelte sich der schmale Hohlweg zwischen wilden Holunderstauden, deren letzte Blätter wie grünbraune Speerspitzen in die Luft ragten, und wuchernden Farnen dahin.

Ernestine ging nach wie vor an der Spitze, eine Haselnussgerte in der Hand, die sie aber bis jetzt noch kein einziges Mal einsetzen musste.

Paul sicherte die Mitte und Anderl bildete die Nachhut, um etwaige Zurückbleibende bei der Schar zu halten. Er musste sich notgedrungen eingestehen, dass mit Ernestine das Ganze fast eine Spielerei war.

Nachdenklich musterte er sie von hinten.

Sie trug dieselben verwaschenen Kleidungsstücke wie gestern, nur waren ihre Haare diesmal unter einem dunklen Kopftuch verborgen, das sie wie die Mädchen daheim im Nacken verknotet hatte. Um die schmalen Schultern trug sie ein wollenes ebenso dunkles Tuch, dessen ausgefransten Enden sie überkreuz nach hinten gebunden hatte.

Warum sie auf ihrem Rücken eine kleine Buglkòr[33] trug, war ihm schleierhaft.

Vielleicht musste sie auf dem Rückweg noch etwas besorgen. Paul nahm sich vor, sie danach zu fragen, vergaß es aber dann wieder. Erstaunlicherweise trug sie gute schwarze Schnürschuhe, die sich neben ihrer abgetragenen Kleidung etwas seltsam ausnahmen.

Seine Stiefel hatten sich mittlerweile seinen Füßen optimal angepasst.

Er hatte einfach in den Rechten gepisst! Plötzlich war ihm wieder eingefallen, wie sein verstorbener Onkel Josef davon erzählte; dies sei die beste Möglichkeit harte Stiefel weich zu bekommen und sozusagen ein Geheimrezept unter den Soldaten. So war er einfach mit einem quietschenden Stiefel weitermarschiert und welch Wunder, es hatte geholfen.

Er überlegte ernsthaft, Ernestine an seiner Erkenntnis teilhaben zu lassen, unterließ es aber dann doch, solches schickte sich absolut nicht.

Nun befanden sie sich mitten im Hochwald. Langsam wurde es Zeit, eine kurze Rast zu halten. Die Eintönigkeit des Weges und das leise Schnattern der Gänse wirkte direkt einschläfernd und so bemerkte Paul nicht, dass sich die Reihe der Gänse beträchtlich gelichtet hatte. Anderl war mit dem Rest etwas zurückgeblieben und Ernestine verschwand gerade mit der ersten Gruppe hinter der nächsten Biegung, durch dichtes Unterholz seinen Blicken entzogen.

Plötzlich herrschte vorne heilloses Durcheinander. Ernestines entsetzte Schreie vermischten sich mit dem schrillen Gekreische der Gänse, die wie wild umherflatterten, Federn stoben auf. Der graue Schatten zwischen den Bäumen war so schnell verschwunden, wie er aufgetaucht war.

Ernestine saß fassungslos am ganzen Körper zitternd auf dem feuchten Waldboden und blickte mit schreckgeweiteten Augen ins Unterholz.

„Es war ein Wolf – ein grauer Wolf!"

---

33 Bucklkorb

Ihr Gesicht war kreidebleich. Sie hielt links und rechts eine Gans umklammert, diese fast erwürgend. Drei hatten sich hinter einem halb vermoderten Baumstumpf geduckt, von den übrigen der Vorhut war nur entferntes Gekreische zu hören. Der Waldboden war übersät mit weißen Flaumfedern.

Ohne nachzudenken kniete sich Paul auf den feuchten Untergrund, befreite mit sanfter Hand die Gänse und nahm die noch immer am ganzen Körper bebende in den Arm. Ihr Zittern ließ langsam nach und sie sah ihn dankbar an. Er hielt ihren Blick stand; die Sekunden dehnten sich ins Unendliche, verdichteten sich zu greifbarer Wärme, er hätte sie ewig so halten können.

Aber inzwischen war auch Anderl mit der restlichen Schar aufgetaucht, die sich jetzt verschreckt aneinander drängte. Bestürzt zählten sie durch. Von den fünfzig Gänsen fehlten elf Stück.

Forschend musterte Paul die nähere Umgebung, die hoch aufragenden Fichtenstämme, das dichte Unterholz.

„Es gibt keine Wölfe mehr, sicher ein wildernder Hund!"

„Es war ein großer grauer Wolf", beharrte Ernestine mit brüchiger Stimme. „Ich habe ihn genau gesehen!"

Paul schwieg. Es gab keine Wölfe mehr, der letzte wurde vor über fünfzig Jahren im Grenzgebiet erschossen. Aber wer wusste schon, was sich in diesen unwirtlichen Wäldern alles verbarg.

„Jetzt müssen wir diese verdammten Gänse auch noch suchen!" Wütend warf Anderl seinen knorrigen Stecken beiseite.

„Ich habe nicht die geringste Lust diese Wildnis nach dem Federvieh abzugrasen!" Demonstrativ ließ er sich auf einen Baumstumpf nieder. „Außerdem mache ich jetzt Brotzeit, ich habe nämlich Hunger."

Fassungslos starrte ihn Ernestine an.

„Wie kannst du jetzt ans Essen denken", stieß sie wutentbrannt hervor. Sie war mit einem Satz auf den Beinen, holte mit ihrer Gerte aus und es hätte nicht viel gefehlt und der Haselnussstecken wäre Anderl ins Gesicht gefahren.

Paul nahm ihr behutsam die Rute aus der Hand.

„Wir beide suchen sie jetzt, und du!“, dabei zeigte er nachdrücklich auf den verschreckt dreinschauenden, „du bleibst meinetwegen hier sitzen, aber wehe, du rührst dich von der Stelle, oder es fehlt eine einzige, dann zieh ich dir das Fell über die Ohren, versprochen!“

„Ja geh nur und nimm diese Furie mit!“

Anderl hielt sich demonstrativ die Schulter, wo Ernestines Stecken ihn gestreift hatte.

Suchen? Soweit, so gut – aber wo? Ratlos sah sich Paul um.

Ernestine war bereits hinter den Stämmen verschwunden.

Er hörte ihre lockenden Rufe und wie aus dem Nichts tauchten hier und dort schnatternd etliche der Vermissten zwischen den Bäumen auf. Nach einer guten Stunde waren zumindest acht davon wieder gefunden, aber Ernestine war nicht zu bewegen die Suche aufzugeben.

Nach einer kurzen Pause, in der sie nur einen Kanten Brot, den Speck hatte sie abgelehnt, und einen säuerlichen Apfel gegessen hatte, scheuchte sie ihn schon wieder auf die Beine.

„Wir müssen die restlichen drei auch noch finden, in der Wildnis kommen sie sonst um!“

Und so folgte ihr Paul erneut kopfschüttelnd durch das dunkle Unterholz.

Ernestine zog erschauernd die fadenscheinige Decke enger um ihre Schultern und versuchte trotz der nächtlichen Kühle, die von außen durch die Bretter drang und sich langsam sich in der Scheune breitmachte, noch etwas Schlaf zu finden. Der morgige Tag würde beschwerlich genug werden. Vorsichtig grub sie ihre nackten Zehen noch etwas tiefer ins Heu, hielt kurz den Atem an und lauschte auf die regelmäßigen Atemzüge, die von der anderen Seite zu ihr drangen.

Paul schien weder das Heulager, noch die Kälte etwas auszumachen. Er schlief wie ein Murmeltier, im Gegensatz zu ihr.

Wenn sie an den zurückliegenden Tag dachte, überkam sie erneut ein Anflug dieses unbeschreiblichen Entsetzens und sie musste sich eingestehen, dieser Mann neben ihr, war ihr nach wie vor ein Rätsel.

Sie hatten mit den Gänsen schon eine ziemliche Wegstrecke durch den Hochwald zurückgelegt. So schritt sie zielstrebig voran und das leise Geschnatter hinter ihr lullte sie immer mehr ein. Ihre Gedanken eilten der ungewissen Zukunft entgegen. Sie wusste nicht recht, wie sie es anstellen sollte, Paul zu überreden sie in Buchwald noch weiterhin mitzunehmen.

Erst als hinter ihr wildes Gekreische erklang, schreckte sie aus ihrer Versunkenheit auf. Aber da war es bereits zu spät. Der Angreifer war bereits mitten unter ihnen und bevor sie überhaupt begriff, was geschah, war er auch schon wieder zwischen den Baumstämmen verschwunden, nur noch als flüchtiger dunkler Schatten zu erkennen.

Sie brauchten über eine Stunde, um die in alle Richtungen Geflüchteten wieder aufzustöbern, was nur dank der vertrauten Lockrufe gelang. Drei blieben jedoch wie vom Erdboden verschluckt. Nur auf ihr Drängen willigte Paul schließlich widerwillig ein, den Wald ein gutes Stück weiter unten auch noch zu durchsuchen. Ihr war als hätte sie von weitem einen schwachen klagenden Laut vernommen.

Aber nach kurzer Zeit war nur noch undurchdringliches Gestrüpp zu sehen und so machten sie sich unverrichteter Dinge wieder auf den Rückweg.

Als sie das weiße Gefieder zwischen den üppigen Schlingpflanzen sah, atmete sie erst erleichtert auf, aber die Gans hatte sich mit ihrem Hals derart darin verfangen, dass sie betäubt und halbtot in dem Gewirr der Dornen und Ranken hing.

Nachdem sie diese endlich befreit hatte, wusste sie sofort, was schnellstens zu tun war und so bat sie Paul um sein Taschenmesser, das er, wie sie wusste, in seiner Joppentasche trug, hatte er doch damit mit sichtlichem Genuss an seinem Stück Speck herumgesäbelt.

Etwas verwundert bot er es ihr aufgeklappt auf der offenen Handfläche dar und sie tat, was sie tun musste! Zog mit sicherer Hand einen sauberen Schnitt unterhalb des Hinterkopfes am Hals, die Gans mit der Linken behutsam nach vorne biegend, um sie so besser zum Ausbluten zu bringen.

Erst ein würgendes Geräusch ließ sie überrascht aufblicken.

Paul hing wie ein nasser ausgewrungener Lappen über dem nächsten halbvermoderten Baumstumpf und würgte gotterbärmlich, kotzte sich buchstäblich die Seele aus dem Leib. Mit fast irrem Blick sah er sie an und verschwand fluchtartig hinter den Baumstämmen, sie einfach alleine in der Wildnis zurücklassend.

Verblüfft sah sie ihm nach. Wie konnte man nur so empfindlich sein?

Sicher es war keine schöne Angelegenheit, aber wenn es denn sein musste.

Sie selbst hatte eigentlich noch nie eine Gans getötet, die wurden schließlich immer recht lebendig verkauft, aber beim Nachbarn dem Grablbauern einmal interessiert zugesehen, wie er fünf davon hintereinander schlachtete.

Hühner, ja! Dies hatte Vater ihr schon vor Jahren beigebracht. Man musste das Huhn nur bei den Beinen greifen und kopfüber etwas hin und her schaukeln, damit es benommen wurde, auf den Hackstock legen und mit einem kräftigen Axtschlag köpfen. Das erste Mal schlug sie zu schwach zu und die Henne flatterte ihr davon, alles ringsherum mit Blutspritzern übersäend. Dies war ihr aber danach nie wieder passiert.

Wie konnte man nur so empfindsam sein? Er war doch ein Bauer, da gehörte das Schlachten schließlich zum bäuerlichen Jahresablauf.

Nachdem die Gans ausgeblutet war, dies dauerte nur einige Minuten, umwickelte sie den durchschnittenen Hals sorgfältig mit großen Farnblättern, sie noch zusätzlich mit den Ranken der wilden Waldrebe umwickelnd, die hier in Unmengen wucherte. Verscharrte das ausgelaufene Blut unter einer Laubschicht, wischte die Klinge mit einem Büschel Moos sauber und machte sich, die Gans an den Füßen hochhaltend auf den Rückweg. Nur ihrem guten Orientierungssinn war es zu verdanken, dass sie den Rastplatz fast mühelos fand.

Anderl schnauzte sie barsch an, wo sie denn so lange blieben, er habe die Nase langsam voll vom Gänsehüten, aber nach einem verdutzten Blick auf das tote Federvieh in ihrer Hand verstummte er abrupt.

Von Paul war nichts zu sehen. Als er einige Zeit später aus dem Dickicht auftauchte, wollte sie ihn eigentlich mit einer vorwurfsvollen Bemerkung herausfordern, aber hinsichtlich seines kalkweißen Gesichts und der finsteren Miene unterließ sie dies.

Die tote Gans stopfte er kommentarlos in seinen ohnehin fast leeren Rucksack, mied aber demonstrativ jeden Blickkontakt mit ihr.

Die restliche Strecke legten sie nun ohne besondere Zwischenfälle zurück.

Paul stapfte schweigend neben der Gänseschar einher und jedes Mal wenn sie sich umwandte, wich er sorgfältig ihren forschenden Blicken aus. Vorbei das bewundernde Aufblitzen in seinen Augen und die lockeren Späße.

So kamen sie unbehelligt am vereinbarten Treffpunkt in der Nähe von Buchwald an.

Dort war bereits eine riesige Schar Federvieh auf einer großen Freifläche versammelt. Es herrschte ein unbeschreibliches Geschrei und Gewusel, aber anscheinend war dies nichts Ungewöhnliches.

Die Treiber, alle mit langen Stecken ausgestattet, hatten sichtlich Mühe die unruhige Menge zusammenzuhalten. Paul blickte etwas ratlos drein. Wo sollten sie da am besten mit ihrer Schar hin?

„Ich will meine zwei versprochenen Gänse!"

Anderl hatte sich breitbeinig vor ihnen aufgebaut und blickte Paul auffordernd an.

„Zwei Gänse, für nichts und wieder nichts, dafür dass du keinen Finger krumm gemacht hast. Wir wären ohne dich genauso gut zurechtgekommen!" Ernestine funkelte ihn wutentbrannt an. „Ich hab von vornherein gewusst, dass du ein Halsabschneider bist, ich …!"

„Lass es gut sein", fiel ihr Paul beschwichtigend ins Wort. „Ich hab es ihm versprochen, allerdings für die ganze Strecke."

Er musterte Anderl verächtlich. „Meinetwegen such dir zwei davon aus und dann geh deines Weges."

Dieser lies sich das nicht zweimal sagen, sonderte umgehend zwei von der Schar ab und steuerte einen der herumstehenden Händler an. Sie beobachteten, wie er anscheinend sofort mit diesem handelseinig wurde und sich fast fluchtartig entfernte.

„Wie konntest du ihm das versprechen? Jetzt hast du nur noch fünfundvierzig!"

Verständnislos schüttelte sie den Kopf.

Unwillkürlich musste er lächeln. „Na ja, die Zahl stimmt nicht ganz, im Grunde sind es fünfundvierzigeinhalb." Er drehte ihr den Rücken zu und verschwand ebenfalls in der Menge, kam aber kurz darauf mit nachdenklicher Miene zurück.

„Am liebsten wäre ich sofort aufgebrochen. Die meisten sammeln ihre Tiere bereits, aber einige der Händler wollen bis morgen warten, die haben noch keine Treiber. Wenn alle auf einmal unterwegs sind, wird es schwierig ein Nachtlager bei den Bauern zu finden. Ich muss mich gezwungenermaßen ihnen anschließen. Allein komme ich nicht weit!"

Ernestine überlegte fieberhaft.

Wie konnte sie Paul nur dazu bewegen, sie weiter mitzunehmen? Sie beschloss, offen zu sein und so erklärte sie ihm, sie werde auf gar keinen Fall zurückgehen, allein durch den unwirtlichen Wald, sie würde jede Arbeit machen und, und …

Als sie endlich in ihren Ausführungen erschöpft innehielt, sah er sie nur nachdenklich an und meinte, sie könne vorerst auf dem Hof bleiben. Seine Mutter bräuchte langsam etwas Hilfe und Theres seine Tante, sei sowieso schon zu alt, um noch schwere Arbeit zu verrichten.

Am liebsten wäre sie ihm vor Erleichterung um den Hals gefallen, aber dies schickte sich nun doch nicht.

„Wenn wir sofort aufbrechen, schaffen wir es gerade noch vor Einbruch der Dunkelheit über die Grenze. In der Nähe von Finsterau weiß ich vom letzten Jahr einen Bauernhof, der nimmt uns mit den Gänsen für die Nacht auf. Morgen sehen wir dann weiter."

Sie trieben ihre Schar vorsorglich am Rande des ganzen Gewusels vorbei und wandten sich dem Pfad, Richtung Grenze zu ...

... Vorsichtig hob Ernestine ihren Kopf von dem unbequemen Nachtlager und versuchte in der beinahe undurchdringlichen Finsternis etwas zu erkennen. Als sie am Scheunentor die milchigen Schatten, zusammengeballten hellen Leintücher ähnlich, schimmern sah, sank sie beruhigt zurück. Sie waren alle da.

Ihre Gänse waren in Sicherheit. –

„Aufstehen! Wir müssen los!"

Erschreckt fuhr sie hoch. Paul stand neben ihrem Heuhaufen und grinste sie unverschämt an.

„Die Bäuerin hat dir eine Morgensuppe in der Stube hingestellt, ich warte draußen auf dich!"

Verwirrt stolperte sie hinter ihm her, sich einige Halme vom Kittel streifend. Band sich das Kopftuch neu, ihre Haare darunter verbergend, im Vorbeigehen noch ihren Buckelkorb aufnehmend.

Auf dem Tisch in der Stube des Hofes stand wirklich eine Schüssel mit noch relativ warmer Mehlsuppe, daneben eine Scheibe trockenen Brotes. Ernstine brockte sich dieses in die Suppe und begann heißhungrig zu löffeln. Es war schon eine geraume Zeit her, dass sie das letzte Mal etwas Warmes zu sich genommen hatte, genau genommen, seit ihrem Aufbruch aus dem Elternhaus nicht mehr.

„Nun hast du dich wenigstens gut verlustiert?"

Verständnislos starrte Ernestine die Bäuerin vor ihr an.

Diese musterte sie umgehend und verzog angesichts ihres etwas zugegebenermaßen ramponierten Aussehens anzüglich die Mundwinkel.

„Früher hat man deinesgleichen Marketenderin geheißen!"

Ernestine wusste nicht recht, was sie darauf entgegnen sollte, sie verstand nur so etwas wie Markt. Glaubte die Bäuerin, sie sei auch eine Händlerin? Wollte sie ihr etwas verkaufen?

„Ich hob nur treib`n g`holfa!" versuchte sie dies richtigzustellen.

„Eine Böhmin auch noch! Na, ja von da drüben hat der Wind noch nie was Gescheites herübergeweht."

Ernestine fuhr die Zornesröte ins Gesicht. Sie knallte die halbgeleerte Schüssel auf den Tisch und verließ fluchtartig die Stube, besann sich aber an der Türschwelle trotz ihrer Wut eines Besseren. Schließlich, gerade weil sie eine Böhmin war, wusste sie was der Anstand gebot.

„Danke für die Suppe!"

„Nichts zu danken, dein Galan hat für dich mitgezahlt", erklang es bissig hinter ihr her.

Ernestine verstand die Welt nicht mehr. Wieso hatte Paul für das Essen bezahlen müssen? Daheim in Böhmen war Gastfreundschaft oberstes Gebot. Jedem, der kam, egal ob Verwandte oder Fremde wurde zumindest Brot angeboten und niemanden wäre es eingefallen, dafür etwas zu verlangen. Manchmal kamen auch Bettler vorbei. Abgerissene Gestalten, denen das Leben oft übel mitgespielt hatte, sogar diesen wurde eine warme Suppe und ein Nachtlager in der Scheune gewährt. War dies in Bayern so anders?

Am Brunnen vor dem Haus klatschte sie sich noch schnell einige Hände kaltes Wasser in Gesicht und rannte verwirrt Paul hinterher, der sichtlich Mühe hatte, die ganze Gänseschar zusammenzuhalten.

Sie nahm wieder ihre Stelle an der Spitze ein. Innerlich war sie aber immer noch wütend. Was bildete sich dieses Weib eigentlich ein? Was war an einer Böhmin so anders und was hieß „Galan?" Was glaubte die eigentlich, was sie im Heu getrieben hatte. Erneut wallte Zorn in ihr auf und ohne dass es ihr sonderlich bewusst war, beschleunigte sie ihre Schritte immer mehr, fühlte, wie sich ihre Verbitterung mit heißen Tränen mischte. Erst als Paul sie energisch am Arm ergriff, kam sie zu sich.

„Sag mal, willst du mich mit dem Federvieh allein zurücklassen?“, erklang seine Stimme sichtlich verärgert neben ihr.

Sie strich sich verstohlen die Nässe aus den Augenwinkeln, wich verlegen seinem entrüsteten Blick aus und starrte erst betreten, dann entsetzt auf ihre Schuhspitzen, – die nicht da waren!

Sie hatte ihre Schuhe im Heu stehen lassen!

Als sie gestern durch die morastigen Stellen vor Finsterau durchmussten, war Ernestine an manchen Stellen bis zu den Knöcheln darin versunken und so hatte sie dieselben abends im Brunnen so gut es ging gesäubert und dann mit Heu ausgestopft, um sie bis zum Morgen samt den nassen Strümpfen zu trocknen.

Bei dem überstürzten Aufbruch war es ihr, die fast immer barfuß lief, nicht einmal aufgefallen. Jetzt war es zu spät um umzukehren.

Obwohl, in dieses Haus brächten mich sowieso keine zehn Pferde mehr, dachte sie mit erneut aufflammender Verärgerung. Schuhe hin oder her!

Seufzend kramte sie ihre ungeliebten Holzschuhe aus dem Buckelkorb. Es blieb ihr auch nichts anders übrig als diese anzuziehen, wollte sie ihre Füße auf der langen Wegstrecke die noch vor ihnen lag, nicht restlos zu Grunde richten.

Sich liebend öffnen
Wärme heischend
den neuen Morgen
begrüßen –
mit einem Lächeln
das noch viele Morgen
verspricht.

Ankunft am Jògowerlhof

Mit gemischten Gefühlen starrte Ernestine von der Anhöhe hinab auf das Gehöft, das im letzten Dämmerschein nun endlich vor ihnen lag. Der Jògowerlhof, wie Paul ihn ihr gerade mit weit ausholender Geste anpries.

Auf der linken Hangseite von einer beachtlichen Anzahl Obstbäumen umsäumt, die ihre kahlen Äste wie dunkle Finger in den Abendhimmel reckten, lag dieser nur wenige Meter vom Waldrand entfernt.

Rechter Hand türmte sich, dunkle Schatten werfend der Wald bergan - der Spitzenberg.

Das Dach war mit Legschindeln eingedeckt, die mit Stangen und Steinen beschwert wurden, um sie bei stürmischen Wetter festzuhalten. Die kleinen Fenster im Erdgeschoß an der Vorderseite lagen wie kleine dunkle Höhlen in der hellen kalkverputzten Mauer, die jetzt im Dämmerlicht in allen Lila- und Grautönen schimmerte.

Der obere Stock war ganz aus Holz gezimmert und an der Giebelseite von einem kleinen Söller[34] durchbrochen. Aus dem angebauten Stall drang aus der halb geöffneten Stalltüre ein schwacher Lichtschimmer, beleuchtete einen Teil des Misthaufens und die Ecke eines Schuppens. Etwas entfernt eine schmale Hütte, das sogenannte „Häusl“, daneben ein kleiner Weiher, dessen Oberfläche im Zwielicht matt glänzte.

Vor dem Haus der Südseite zu, befand sich ein relativ großer eingezäunter Gemüsegarten, jetzt kahl und abgeerntet, an dem vorbei der schmale Pfad zum Hauseingang führte. Der Platz davor war mit großen Steinplatten ausgelegt, der sogenannten “Greed“. Darauf befand sich ein großer steinerner Grand und das Plätschern des Wasserstrahls drang beruhigend zu ihnen herauf.

Ernestine konnte seinen ausführlichen Erklärungen kaum noch folgen. Sie war unbeschreiblich müde, der ganze Körper fühlte sich wie zerschlagen an. Ihre Füße waren fast gefühllos vor Kälte und zwei ihrer blutunterlaufenen Zehen gaben Zeugnis ab von der langen beschwerlichen Wegstrecke. Sie hatte die Holzschuhe nach einiger Zeit wieder

34 offener Dachboden mit Geländer

abgestreift und war erneut barfuß gelaufen. Aber der Weg war teilweise steinig und so sah sie sich gezwungen, immer wieder zu wechseln. Nun befanden sich diese erneut samt dem Kleiderbündel und einigen Habseligkeiten in ihrem Buckelkorb.

Der rechte Tragriemen hatte ihre Schulter wundgescheuert und vor Hunger war ihr mittlerweile ganz flau im Magen. Bei der letzten Übernachtung in der Nähe von Kreuzberg, war die Bäuerin viel freundlicher. Ihnen wurde abends ein reichhaltig aufgeschmalzener Kartoffelsterz mit gestöckelter Milch[35] vorgesetzt und Ernestine durfte auf einem Strohsack, der auf den Boden in der Mägdekammer ausgelegt war, nächtigen.

Wobei Rosa, so hieß die Magd, sich unablässig in ihrer Bettstatt bewegte und dabei alle naselang furzte, was das Zeug hielt. An Schlaf war da nicht zu denken und Ernestine hätte lieber die kalte Scheune vorgezogen, mit der Paul vorlieb nehmen musste.

Wenigstens war er bei den Gänsen.

Sie über Nacht im Freien zu lassen, war viel zu unsicher und so waren sie vor Diebstahl und sonstiger Unbill geschützt.

Am Morgen vor dem Aufbruch gab es erneut eine gute Rahmsuppe, was eigentlich unüblich war, aber die Bäuerin meinte mit einem etwas mitleidigen Blick auf Ernestine, der Weg sei noch weit und die Dirn sowieso zu mager. Also gab sie ihr auch noch ein großes Stück Brot und einige Äpfel mit, welche sie unterwegs redlich mit Paul teilte. Dies war aber nun schon Stunden her.

Sie hätte sich in ihren kühnsten Träumen nicht vorstellen können, wie weit die Wegstrecke von Planie bis nach ihrem Zielort im Bayerwald war.

Paul hatte sich mit einem böhmischen Händler, dem Grabl-Franz zusammengetan, der an die hundert Gänse aufgekauft hatte. Sein Treiber ließ ihn bei Mauth im Stich und so waren sie zu dritt mit annähernd hundertfünfzig Gänsen unterwegs.

---

35 Dickmilch, bayerisch auch Selbern

Dieser trug einen ziemlich großen Korb auf dem Rücken und auf Pauls verwunderte Frage erklärte er ihm, er würde auf dem Rückweg nach Böhmen etliche Dinge zum Handeln mitnehmen. Stoffe, Salz, Schnupftabak und grobes Leinen waren drüben begehrte Handelswaren.

In Gruppen, teils mit über hundert Gänsen, zogen die Händler von Dorf zu Dorf. Die Dörfler halfen ihnen meistens noch ein Stück weit zu treiben. Es war ein Gekreische und Geschrei, die Kinder liefen noch eine ganze Weile hinter ihnen her, bevor sie dessen überdrüssig geworden, sich wieder anderen Spielen widmeten.

So kamen sie recht gut voran. Es gab aber auch weite Strecken, in denen keine Menschenseele zu sehen war und nur dichtes Grasland und Sträucher den schmalen Weg säumten.

Endlich an ihrem Ziel Gänswies angekommen, wurde das Federvieh in einer großen eingezäunten Fläche untergebracht. Sie sonderten die zehn, die zum Schlachten auf dem Hof gedacht waren ab, und trieben diese noch die paar hundert Meter zum Jògowerlhof, wo sie jetzt in dem eigens dafür errichteten Gatter eingesperrt wurden.

Ihrem Begleiter schienen die vergangenen Strapazen anscheinend nicht so viel auszumachen. Nun, er hatte schließlich auch gescheites Schuhwerk an den Füßen.

Nachdenklich musterte sie ihn von der Seite. Sein Profil wirkte etwas verwaschen in dem Zwielicht. Sie wusste aber auch so, wie er aussah. Schließlich hatten sie die letzten Tage zusammen verbracht und sie musste sich eingestehen, was sie sah, war gar nicht so übel.

Der Mund unter dem kleinen Oberlippenbart wirkte fein geschwungen und seine Hände zeigten nicht diese rohe Derbheit, die manchen Burschen zueigen war.

Am besten aber gefiel ihr sein scheues Lächeln, wenn er sie so ansah, mit diesem versonnenen Blick, der sie einhüllte wie eine wärmende Decke. Sie war sich ihrer Wirkung auf ihn voll bewusst. Es schmeichelte ihr, war sie in dieser Hinsicht nicht gerade verwöhnt worden.

Niemand hatte ihr je das Gefühl gegeben, etwas Besonderes zu sein. Daheim zählten nur ihre willigen Arbeitshände, alles andere war zweitrangig.

Eigentlich konnte sie ihn sogar gut leiden.

Dies genügte ihr für den Moment. Wenn sie nur eine Weile bleiben konnte, alles andere würde sich mit der Zeit schon finden.

Das Geld unter ihrem Leiwl[36], dass ihr Mutter noch zugesteckt hatte, vermittelte ihr ein Gefühl von Sicherheit, wenn sie auch nicht genau wusste, wie viel es eigentlich war. Bis jetzt hatte sie noch keine Möglichkeit gefunden, den Beutel auf dessen Inhalt zu prüfen. Nun, allzu viel konnte es nicht sein, woher auch?

Noch nie in ihrem Leben fühlte sie sich so verstanden und ihrer Mutter so nahe wie in diesem letzten Augenblick des Abschieds. Wahrscheinlich würde sie diese nie mehr sehen. Außer Paul schickte sie wieder zurück.

Aber dies würde sie mit aller Kraft versuchen zu verhindern!

Nun stand sie hier an seiner Seite und betrachtete beklommen, und in banger Erwartung, die inzwischen dunkle Silhouette des „Jògowerlhofes", der vielleicht ihr zukünftiges Zuhause werden würde – so alles gut lief.

Ein milder Lichtstrahl überzog plötzlich die ihnen zugewandten Fenster, so als würden sie ihr einladend winken.

Paul schob Ernestine vor sich her durch die massive Haustüre in das Vorhaus, das mit abgetretenen Steinplatten gepflastert war. Links führte eine steile Holztreppe nach oben, hinter der leises Geraschel und Gegacker zu hören war. Rechter Hand führte eine fast ebenso wuchtige Tür in die Stube.

Am liebsten wäre Ernestine wieder umgekehrt, aber nun war es dafür zu spät. Paul zog sie kurz entschlossen mit fester Hand in den relativ großen Raum.

Eine lange dunkle Holzbank ohne Rückenlehne, die sogenannte Fürbank zog sich rechts unter den beiden Fenstern, längsseits und über Eck an der Mauer entlang. Ernestine wäre um ein Haar sofort darauf niedergesunken.

---

36 Leibchen in Form einer einfachen Bluse

An der Stirnseite des großen viereckigen Tisches im Herrgottswinkel saß ein älterer Mann, der sie überrascht musterte. Auf dem Kopf trug er eine schwarze Zipfelmütze, unter der seitlich einige graue Haare hervorlugten und aus dem Mundwinkel hing ihm eine anscheinend schon erkaltete Pfeife. Auf dem Tisch stand eine Öllampe, die den Raum in warmes Licht tauchte

Er schnitt gerade bedächtig eine dritte Scheibe Brot von dem Laib, der vor ihm lag und mit einem überraschten Stirnrunzeln auf sie beide, fügte er noch zwei weitere dazu.

„So, bist also wieder da, sind aber keine Gänse, die du da mitbringst?"

Mit einem verschmitzten Zwinkern deutete er mit dem Pfeifenstiel auf Ernestine.

„Sie kommt zum Gänsestechen!", entgegnete Paul mit fester Stimme.

„Aber da sind doch schon die vom Rodlhof bestellt!", erwiderte dieser verblüfft.

„Dann sagen wir ihnen halt ab!" Paul nahm Ernestine die Kirm[37] von den Schultern.

Ein verhaltenes Kichern ließ diese herumfahren. Sie hatte überhaupt nicht bemerkt, dass in der nur vom Herdfeuer schwach erleuchteten linken Ofenecke eine alte Frau stand, die sie jetzt neugierig beäugte.

„Kommt´s gerade recht zur Suppe", murmelte sie undeutlich und trug eine große dampfende Schüssel zum Tisch.

Sie hatte die spärlichen grauen Haare zu einem dünnen Knoten aufgesteckt. Über dem dunklen derben Rock trug sie eine Schürze, die mit unzähligen undefinierbaren Flecken geradezu übersät war.

Ernestine war auf die Bank gesunken. Sie hatte das Gefühl, sich keinen Moment länger auf den Beinen halten zu können. Dabei war ihr der lange Rock über die Knöchel nach oben gerutscht und man sah erst jetzt, im wenn auch spärlichen Lichtschein, das ganze Ausmaß ihrer Verletzungen.

---

37 geflochtene Rückentrage

Theres, denn diese war es, schlug entsetzt die Hände über den Kopf zusammen und selbst Paul blickte fassungslos auf die blutverkrusteten, vor Schmutz starrenden Füße.

Er hatte überhaupt nicht mehr daran gedacht, dass sie die meiste Zeit barfuß neben ihm hergelaufen war.

Sie scheuchte Paul um einen Zuber in die angrenzende Waschkuchl und ehe sich Ernestine versah, steckten ihre malträtierten Beine bis zu den Waden im warmen Wasser, in das Theres noch eine Handvoll getrockneter Arnikablüten geworfen hatte.

„Ist gut gegen das Wundsein", erklärte sie mit einem fast zahnlosen Lächeln, wodurch sich ihre zahlreichen Falten im Gesicht noch mehr vertieften. Sie wuselte zum Herd, schöpfte in eine irdene Schüssel warme Mehlsuppe, drückte sie der überraschten Ernestine samt einem hölzernen Löffel und einer Scheibe Brot in die Hand.

Paul stand vor Überraschung der Mund offen.

Was war nur mit der ansonsten stets grantigen und missmutigen Theres los?

Sogar Jakob rieb sich verwundert über die Augen und schüttelte verdutzt den Kopf.

In diesem Moment wurde die Stubentür aufgestoßen und Kreszenz, Pauls Mutter kam mit einem gefüllten Eimer in der Hand herein. Sie blieb wie angewurzelt in der halboffenen Türfüllung stehen. Der freudige Ausdruck auf ihrem Gesicht, wich angesichts Ernestines, die mit der Suppenschüssel in der Hand und den Füßen im Wasser, zugegebenermaßen ein etwas seltsames Bild abgab.

„Wen schleppst denn du noch zu so später Stunde an?"

Ihre Stimme klang unpersönlich, mit einem rauen Unterton.

„Sie kommt zum Helfen!" Paul hörte sich etwas unsicher an.

„Brauche keine Hilfe", kam es unwirsch zurück. „Bis jetzt bin ich immer noch allein zurechtgekommen!"

Kreszenz stand noch immer wie hingenagelt neben der Stubentür. Es war ihr, als griffe eine eiskalte Hand nach ihrem Herzen, lähmte ihre sämtlichen Glieder.

Das also war sie – die Paul gesucht hatte. Ein Blick in diese nachtdunklen Augen genügte. Diese Dahergelaufene, die aussah wie eine halbe Zigeunerin, mit diesem dunklen Haargespinst und dem zerrissenen Rock. Anscheinend besaß sie nicht einmal Schuhe. Eine, die nichts hatte und wahrscheinlich genauso wenig taugte. Die sollte unter ihrem Dach leben?

Nicht, wenn sie es verhindern konnte.

Aber als sie einen Blick auf ihren Sohn warf, der dieses unmögliche Frauenzimmer nicht aus den Augen ließ, musste sie sich eingestehen, dass es dafür wahrscheinlich schon zu spät war.

Nun, man würde sehen. Noch war nicht aller Tage Abend.

Erst als Paul die tote Gans aus dem Rucksack holte, schloss sie die Tür und kam näher. Die Schilderung des Ereignisses, ließ selbst sie unwillkürlich erschauern.

Überrascht begutachtete sie den sauberen Schnitt. Die Federn waren nur leicht verschmutzt, also noch zu gebrauchen, nur musste sie schnellstmöglich gerupft und ausgenommen werden, sonst war das Fleisch endgültig verdorben.

„Wer hat die Gans getötet?"

„Es war Paul!" Ernestine hatte bis jetzt nur wie erstarrt dagesessen und Pauls Erzählung schweigend gelauscht. „Sie war schon fast tot, er musste es tun!"

Forschend sah sie Kreszenz an. Warum log sie? Paul konnte niemals ein Tier töten, geschweige denn, eine Gans.

Eine schwache Erinnerung tauchte vor ihren Augen auf. Paul als kleiner Bub an einem sonnigen Sonntagnachmittag, verstört schluchzend und mit patschnasser Hose, am ganzen Körper wie Espenlaub zitternd. Erst wollte sie ihn tüchtig ausschimpfen, aber dann hatte sie ihm ohne Worte die nassen Sachen ausgezogen und ins Bett gesteckt. Er war tagelang krank und in seinen Fieberträumen faselte er ständig von Enten, Blut und toten Augen, so dass ihr fast angst und bange wurde.

Dies schoss ihr wieder durch den Kopf. Paul – niemals!

Sie betrachtete widerwillig anerkennend die getötete Gans. Nur wenige Blutstropfen hatten unterhalb des schlanken Halses das Federkleid verunstaltet, sie selbst hätte in dieser Notlage nicht besser handeln können.

Aber nichtsdestotrotz. Die Dirn musste so schnell wie möglich wieder weg, je früher umso besser!

„Morgen geht sie wieder zurück, wir brauchen keine unnützen Esser!“

Mit diesen Worten schlug die Stubentür laut krachend hinter Kreszenz zu.

Für den Moment herrschte nur atemlose Stille.

Ernestine fühlte, wie die Verzweiflung in ihr überhand nahm. All die Strapazen der langen Wegstrecke, alle Mühe, alle Hoffnungen – umsonst.

Sie spürte, wie sich ihre Augen mit Tränen füllten. Tief beugte sie den Kopf über die Suppenschüssel, konnte nur unter Aufbietung all ihrer Willenskraft das aufsteigende Schluchzen unterdrücken.

Plötzlich bemerkte sie Pauls Hand, der ihr behutsam den Löffel aus den verkrampften Fingern nahm.

„Hier ist das letzte Wort noch nicht gesprochen.“

Hilfesuchend wandte er sich an seinen Onkel, der sich zu dem wütenden Ausbruch von Kreszenz bis jetzt noch nicht geäußert hatte.

Versonnen betrachtete dieser die beiden, wie sie so nah beieinander saßen und mit einem leisen wissenden Lächeln in den Mundwinkeln, nickte er beiläufig.

Ernestine war die kleine Dirnkammer neben dem Stall als Schlafstatt zugeteilt worden, die im Sommer der Aushilfsmagd diente.

Sie wirkte unbewohnt und die spärliche Einrichtung; an der gegenüberliegenden Wand eine niedrige Holztruhe, darüber einige Haken für die Kleidung und neben dem Bett ein Hocker, machten den Raum noch unwirtlicher als er schon war.

An der Außenwand ein kleines, hoch angesetztes Fenster, das eher einem Guckloch im Taubenschlag glich. Die Wand war nur etwas mehr als ein dichterer Bretterverschlag, sie war allerdings auch nur für ein Sommerquartier gedacht.

Durch die feinen Ritzen schimmerte matt das Mondlicht, zeichnete bizarre Muster auf ihren Tuchent, der allerdings prall gefüllt mit Gänsefedern, sie in wohlige Wärme hüllte. Der Strohsack war zwar etwas durchgelegen, aber dies war sie ja von daheim gewohnt.

Daheim! – Zum ersten Mal in ihrem Leben hatte sie ein Bett für sich allein und anstatt darüber glücklich zu sein, vermisste sie die kompakte Nähe ihrer Schwester Agnes schmerzhaft.

Im Winter würde es hier drinnen eisig kalt werden, aber auch das würde sie in Kauf nehmen.

Nur, dass hier absolut niemand war, der sie auch nur ein kleines bisschen wärmte.

Ihre Bettstatt stand an der angrenzenden Innenwand zum Stall und durch die Fugen im Holz drang das Wiederkäuen der Kühe als einschläferndes Geräusch in ihr Bewusstsein.

Wenigstens war diese Seite durch die eindringende Stallwärme etwas geschützt.

Was sollte nur werden?

Pauls Mutter wollte sie nicht! Deren Ablehnung hatte sie fast körperlich gespürt.

Sie war sich wohl bewusst, wie abgerissen und zerzaust sie daherkam, dazu ihre schmutzigen wunden Füße, aber war dies ein Grund, sie so abweisend zu behandeln?

Die Alte, Theres hieß sie, war ihr dagegen wohl gesonnen und der Bauer, Pauls Onkel schien auch nicht so abgeneigt, sie zu behalten. Sie musste eben versuchen, sich unentbehrlich zu machen, komme was wolle. Wenn sie nur bleiben konnte.

„Lieber Gott, bitte mach, dass ich bleiben kann.“ Ernestine hatte schon seit Jahren kein Abendgebet mehr gesprochen, aber inbrünstig wiederholte sie diese Bitte ununterbrochen, bis ihr vor Erschöpfung endlich die Augen zufielen.

Am nächsten Morgen hatte es leicht geschneit, für diese Jahreszeit noch viel zu früh und die ganze Welt war in schimmerndes Weiß getaucht.

Ernestine konnte gar nicht zurück.

Gebeugt
unter der Last
gebeugt –
doch nicht gebrochen
– innehalten
– ausharren
denn der Frühling
nähert sich
mit winzigen Schritten.

Die böhmische Dirn

Nun begann für Ernestine eine Zeit, die vom frühen Morgen bis in die Nacht hinein völlig mit Arbeit ausgefüllt war. Sie, die dies zwar auch von daheim gewohnt war, sank nun jeden Abend todmüde in ihr schmales Bett und fiel sofort in einen traumlosen Schlaf.

Der Bauer, Ernestine nannte ihn immer respektvoll so, obwohl ihr Paul erklärte, dass der Hof zu gleichen Teilen auch Theres und seiner Mutter gehörte, befand sich mit Paul die ganze Woche beim Holzschlagen hoch oben im Spitzenberg. Der Wald gehörte zum großen Teil einem Brauereibesitzer und sie waren dazu verpflichtet im Spätherbst, wenn die meiste Arbeit auf dem Hof getan war, bei den anfallenden Holzarbeiten ihre Dienste zu verrichten. Dafür durften sie das ganze Jahr über Brennholz sammeln und bekamen außerdem die Erlaubnis, das wertlose Bruchholz für eigene Bedürfnisse zu verarbeiten. Der Mischwald wurde dadurch gesäubert und somit war beiden Seiten geholfen.

Spät abends kamen sie völlig erschöpft, durchgefroren und hungrig nach Hause. Es war ein Wunder, dass Jakob die schwere Arbeit noch so bewältigte, hatte er die Sechzig doch schon einige Jahre überschritten. Aber es schien, als wäre immer noch genügend von seiner früheren Kraft vorhanden, um mit dem soviel Jüngeren mitzuhalten. Er erinnerte Ernestine an einen knorrigen, zähen Wurzelstock, der sich beharrlich ins Erdreich krallte und so allen Widrigkeiten standhielt.

Sie kam gut mit ihm aus, im Gegensatz zu Pauls Mutter.

Diese scheuchte sie den ganzen langen Tag umher. Manchmal beschlich sie das dunkle Gefühl, etliche Arbeiten seien von Kreszenz eigens für sie erfunden worden.

Weshalb musste der steinerne Grand für das Brunnenwasser jetzt um diese Jahreszeit mit einer groben Wurzelbürste außen gesäubert werden? Oder warum mussten die Steinplatten im Vorhaus, wo alle mit den dreckigen Holzschuhen darauf traten, jeden Tag mit einem Reisigbesen blitzblank gekehrt werden? Im Stall standen zwei Ochsen, dazu zwei Jungochsen, vier Kühe, außerdem eine Färse, die demnächst gedeckt werden würde und ein Stierkalb, das bald zum Verkauf anstand. Dazu zwei gemästete Säue, von denen eine in der jetzt kommenden kalten Jahreszeit noch geschlachtet wurde. Arbeit gab es mehr als genug!

Was sie überhaupt nicht verstand; die Hühner befanden sich in einem Verschlag hinter der steilen Holzstiege, die nach oben in die Schlafkammern führte. Als sie Paul darauf ansprach, zuckte er nur mit den Schultern, das sei immer schon so gewesen.

Nur, dass ständig die Federn umherflogen und das ganze Vorhaus nach Hühnermist stank, schien anscheinend außer ihr niemanden zu stören.

Die oberen Kammern betrat sie nie. Kreszenz machte ihr unmissverständlich klar, dass sie da droben nichts zu suchen hatte.

Als sie am Morgen nach ihrer Ankunft das strahlende Weiß ringsum bemerkt hatte, wäre sie vor Erleichterung beinahe in Tränen ausgebrochen und ihr Dankgebet kam aus vollem Herzen. Inzwischen waren ihre heimlichen Hoffnungen aber schon ziemlich gedämpft worden.

Sie wusste selbst nicht so genau, was sie eigentlich erwartet hatte?

Arbeit ja! Doch diese eisige Ablehnung von Pauls Mutter machte ihr Angst.

Theres war diejenige, die ihr am nächsten Morgen mit einem aufmunternden Lächeln einen kleinen Tiegel Ringelblumensalbe aus Schweinefett, die fürchterlich roch und für ihre immer noch blutunterlaufenen Zehen gedacht war, sowie warme Schafwollsocken und etwas zu große Holzschuhe brachte.

Heute war Gänseschlachttag!

Schon in aller Herrgottsfrüh war die Rodlbäuerin; eine korpulente Mittfünfzigerin, mit ihrer ebenso fülligen Tochter Kathi angerückt. Sie warfen Ernestine zwar verstohlen neugierige Blicke zu, die aber von Kreszenz geflissentlich übersehen wurden. Da sie aber ihre Anwesenheit weder mit einer Silbe erklärte, noch überhaupt erwähnte, kümmerten sie sich letztendlich nicht mehr darum und nahmen bald mit ihrem resoluten Arbeitseifer alles in Beschlag. Die Gänse wurden der

Reihe nach aus dem Gatter genommen, von Jakob unter der Armbeuge festgeklemmt, mit einem Eichenknüppel betäubt und ihnen ohne Zaudern der Hals unterhalb des Hinterkopfes aufgeschnitten. Ernestine stand mit einem kleinen Eimer daneben, um das Blut aufzufangen.

Anschließend wurden sie mit heißem Wasser überbrüht, damit sich die Federn leichter lösten. Die Flügel waren lästig zu rupfen, da jede einzeln an ihrem langen Kiel herausgezogen werden musste. Diese Arbeit wurde kurz und bündig von Kreszenz an Ernestine übertragen. Zum Rupfen saßen sie alle vor einem großen Bottich, um die Federn darin zu sammeln, die groben und dicken davon wurden allerdings sofort aussortiert.

Trotz aller Achtsamkeit flogen dieselben und vor allen Dingen die feinen Daunen in alle Richtungen. Sie kamen allesamt später in einen alten, vielfach geflickten Bettbezug, um so bis zur Weiterverarbeitung, dem Federnschleißen, aufbewahrt zu werden.

Kathi reckte ständig ihren kurzen Hals und hielt nach Paul Ausschau. Sie war eigentlich mit dem blonden dicken Zopf und den blaugrauen Augen recht ansehnlich und ihre vollen Rundungen erweckten in Ernestine sogar einen leichten Anflug von Neid, war sie selbst nicht gerade üppig damit ausgestattet.

Wie hatte die Bäuerin in Kreuzberg gemeint; die Dirn sei viel zu mager!

Unwillkürlich berührte sie ihre schlanke Taille und die kleinen Brüste, widmete sich dann aber gleichmütig mit der Schulter zuckend erneut der mühseligen Arbeit.

Nun erkundigte sich Kathi schon zum dritten Mal, wo Paul denn abgeblieben sei.

Aber dieser blieb spurlos verschwunden und Ernestine war froh darüber. Sollte sich doch die blöde Urschl an einen anderen Burschen ranmachen, Paul gehörte zu ihr!

Bei diesem Gedanken hielt sie überrascht inne, was ihr sofort einen scharfen Blick von Kreszenz eintrug und ertappt beugte sie sich erneut tief über das nächste Federvieh.

Als alle Gänse ausgenommen, die Innereien samt aufgeschnittenem Magen im Bauchraum verstaut und derselbe fein säuberlich zugenäht war, wurden diese gewogen und in der kühlen Vorratskammer nebenan auf die Steinplatten gelegt.

Nach dem Mittagsmahl, mit Knödeln aus dunklem Roggenmehl, die allerdings nicht ganz so locker wie daheim gelungen waren, einem großen Hafen Kraut mit Rauchfleisch darin, verabschiedeten sich die beiden Ernestine unliebsamen Helferinnen wortreich. Nicht ohne Kreszenz vorher das Versprechen abgenommen zu haben, sich zu einem Besuch in der nächsten Zeit einzufinden. „Aber nicht ohne Paul!", wie die Rodlbäuerin mit einem bedeutungsvollen Blick in Richtung ihrer Tochter, kundgab.

Ernestine hätte sie am liebsten beide erwürgt!

Nachdem am ersten Tage nach ihrer Ankunft die Wiesen und Felder wie mit einer weißen Zuckerschicht überstäubt waren, dazu ein scharfer Wind von Osten blies, der zwar durch die kleine Anhöhe etwas abgemildert wurde, war an ein Zurückgehen nicht zu denken. Sogar Kreszenz gab widerwillig zu, dass die weite Strecke bis nach Planie; sie hatte noch nie von dieser Gegend gehört, für ein einzelnes Frauenzimmer nicht ganz einfach war.

Paul machte seiner Mutter unmissverständlich klar, dass Ernestine bleiben konnte, zumindest bis sich das Wetter gebessert hätte. Dann kam das Schlachten, und da jede Hand gebraucht wurde, enthielt sich Kreszenz jeglicher weiteren Bemerkung, aber ihre verkniffene Miene sprach Bände.

„Zum Maulaffen halten ist keine Zeit! Die Arbeit macht sich nicht von selbst!"

Vor Schreck ließ Ernestine beinahe den leeren Eimer fallen, doch bevor sie überhaupt reagieren konnte, war Kreszenz, ihr den Rücken zukehrend bereits wieder ums Hauseck verschwunden.

Wütend gab sie dem Behälter einen Stoß und er schlitterte scheppernd gegen die angelehnte Stalltür. Sie hatte die Kühe gemolken, die Milch in die Kuchl, so hieß der aus Stein gemauerte Vorratsraum, gebracht, einen Eimer Kartoffeln im eiskalten Wasser des Brunnens gewaschen, die Hühner in den Verschlag hinter der Treppe gescheucht und jetzt den Säuen in dem schweren Kübel, das Futtergemisch in den Barren geschüttet.

Egal, wie viel sie auch an Arbeit bewältigte, nie war es genug! Nur bissige Bemerkungen und boshafte Blicke. Sie hatte sich nur für eine kurze Verschnaufpause an die Stalltüre angelehnt und den wunderbaren Ausblick genossen.

Da der Hof am höchsten Punkt stand, konnte man die Wiesen und Felder, die sich bis in die Ebene ausbreiteten, ungehindert überblicken.

Am rechten unteren Hang schlängelte sich ein schmaler Bach dahin, dessen Ufer von unzähligen Erlen und sonstigen Sträuchern gesäumt war, die jetzt fast blattlos ihre Äste dicht an dicht in die Höhe reckten. Die milde Abendsonne überzog die Fluren mit einem rötlichen Schimmer und versprach auch für den kommenden Tag schönes Wetter. Der anfängliche winterliche Ausbruch war nach zwei Tagen bereits wieder vorbei und gehörte so der Vergangenheit an. Ernestine war so in den Anblick versunken, dass sie das Kommen von Kreszenz überhaupt nicht bemerkt hatte.

Der spontane Wutanfall war verflogen und ihre Augen füllten sich ungewollt mit Tränen. Paul war die meiste Zeit mit Jakob außer Haus. Theres war die Einzige, die ab und zu ein gutmütiges Wort an sie richtete, denn Kreszenz ignorierte sie entweder völlig, oder beschimpfte sie wegen jeder Kleinigkeit.

Trotzdem, zurückgehen? Nein! Energisch wischte sie sich das Nass aus den Augenwinkeln und schloss die Stalltüre mit aufsässigem Schwung. –

„Morgen bringen wir die Gänse auf den Markt und du kommst mit!“ Jakob deutete mit dem Pfeifenstiel auf Ernestine und lächelte dabei schelmisch.

„Damit du auch einmal einen richtigen Markt kennenlernst. Du wirst staunen, was es da alles zu sehen gibt.“

Laut schlürfend schob er sich erneut einen Löffel Suppe in den Mund.

Paul hob überrascht den Kopf. „Aber sie kann nicht mit zu großen Holzschuhen die weite Strecke von fast elf Kilometern gehen!“

Jakob sah Kreszenz stirnrunzelnd von der Seite an. „Du gibst ihr deine Schnürstiefel, sie werden mit dicken Socken schon ungefähr passen.“

Diese schoss wie von der Tarantel gestochen von der kleinen Vorbank hoch.

„Das kommt überhaupt nicht in Frage, ich werde dieser … dieser.“

Unter dem scharfen Blick Jakobs verstummte sie jäh und verließ fluchtartig die Stube, ihren Anteil an Suppe zurücklassend.

„Die beruhigt sich schon wieder.“

Ungerührt löffelte Jakob den letzten Rest der Kartoffelsuppe aus der Schüssel und stand auf.

„Um sechs ist Aufbruch! Die Stallarbeit müssen die beiden Weiber morgen alleine verrichten.“

Mit diesen Worten ließ er eine verdutzte Ernestine zurück. Verstohlen warf sie einen Blick auf Paul, der nachdenklich auf die Tischplatte starrte.

„Ist es dir nicht recht, dass ich mitgehe?“

Bange sah ihn Ernestine an, versuchte den Blick seiner Augen zu erhaschen.

„Doch, doch natürlich. Was sollte ich schon dagegen haben? Aber was meine Mutter angeht …“, hier brach Paul ab und musterte sie forschend.

„Ist sie denn immer noch so barsch zu dir?“

Ernestine senkte den Kopf. Was sollte sie darauf antworten?

Dass Kreszenz ihr jeden Tag das Leben vom Morgen bis zum Abend mit allen Mitteln erschwerte? Dass sie auf ein nettes Wort oder nur eine aufmunternde Geste von ihm hoffte? Dass sie jede Nacht in ihrer eiskalten Kammer sehnsuchtsvollen Träumen nachhing, die sich am nächsten Morgen wie Rauch im Wind verflüchtigten.

Eine Welle von Selbstmitleid drohte sie zu überwältigen. Wahrscheinlich wäre es besser gewesen, daheim zu bleiben und den Erstbesten zu nehmen, der sie wollte. Recht viel schlimmer als jetzt konnte es auch nicht sein.

Aber wenigsten kann ich mich satt essen, dachte sie mit einem Anflug von Nüchternheit. Nicht nur Kartoffeln, sondern auch ab und zu ein Stück Rauchfleisch. War dieses auch meistens fett und zäh, so gab es dem Kraut doch einen guten Geschmack. Kreszenz hatte ihr am Anfang immer nur die kleinsten Brocken zugeteilt, war aber von Jakob energisch in die Schranken gewiesen worden. Wer arbeitet, soll auch essen, so sein Kommentar. Was nicht unbedingt dazu beitrug, das Verhältnis zwischen ihnen beiden zu verbessern.

Am besten hatte die getötete Gans gemundet.

Theres hatte sie noch am Abend ihrer Ankunft gerupft, ausgenommen, sofort reichlich mit Salz eingerieben und in die kalte Kammer nebenan gebracht. Jakob bestand darauf, sie am darauffolgenden Tag mit Knödel und Kraut zu bekommen. Schließlich war es nur Ernestines beherztem Eingreifen zu verdanken, dass diese nicht elend zugrunde gegangen war und somit das Fleisch verdorben gewesen wäre.

In ihrem ganzen Leben hatte sie noch nie so etwas Gutes gegessen und allein schon deswegen lohnte sich so manche Unbilligkeit seitens Kreszenz in Kauf zu nehmen.

Der Jògowerlhof war, gemessen an ihrer eigenen Heimstatt, ein ertragreicher Hof und nie, nie wieder wollte sie so in Armut leben wie in den vergangenen zwanzig Jahren.

So schluckte sie ihren angestauten Groll hinunter und sah Paul sanft in die Augen.

„Sie meint es nicht so, ich komme eigentlich ganz gut mit ihr aus."

Die Erleichterung in Pauls Gesicht rührte sie, ärgerte sie aber auch irgendwie insgeheim. Bemerkte er denn überhaupt nicht, wie sie unter den Anfeindungen von Kreszenz litt?

Am nächsten Morgen standen ein Paar abgetretene schwarze Schuhe vor ihrer Kammertür, die zwar ein klein wenig zu groß waren, aber mit den dicken Socken, die ihr Theres noch brachte, ganz passabel passten, und so stand ihrem Aufbruch nichts mehr im Weg.

Die Gänse, in alte feste Leinwand verpackt und zwei der größten in ihrer alten Buglkòr verstaut, wogen nach etlichen Kilometern immer mehr. Zumindest schien es Ernestine so, aber sie ließ sich nicht das geringste anmerken. Jakob und Paul hatten sogar jeweils vier davon in ihren Behältern auf dem Rücken. Der Himmel zeigte sich in einem verschwommenen Blaugrau. Der Horizont war von zerrissenen Wolkenfeldern durchzogen, die aussahen wie geflockte Milch, und durch die morgendliche Novemberkühle fühlten sich ihre Finger bereits nach kurzer Zeit steif und klamm an.

„Selbernwolken![38] Das Wetter schlägt die nächsten Tage um", brummelte Jakob nach einem prüfenden Blick nach oben.

Er hatte seine obligatorische Pfeife im Mundwinkel, die er meistens völlig erkaltet mit sich trug. Als ihn Ernestine einmal darauf ansprach, meinte er schalkhaft, der Tabak sei zu teuer, um ihn jeden Tag zu rauchen. Nur an Sonn- und Feiertagen gönne er sich dies. Da er aber dabei die Lippen zu einem so breiten Grinsen verzog, dass sie ihm beinahe aus dem Mund fiel, war sich Ernestine nicht ganz sicher, ob er dies ernst meinte. Er war zwar oft brummig, aber sie hatte das untrügliche Gefühl, hinter der rauen Schale verberge sich ein weicher Kern und manchmal fühlte sie seinen wohlwollenden Blick auf sich ruhen, der ihr das Gefühl vermittelte, zumindest er wäre damit einverstanden, dass sie blieb.

Paul ging neben ihr und erzählte und erzählte …

Von den großen Jahrmärkten[39], die achtmal im Jahr in Waldkirchen abgehalten wurden, so wie jetzt am Sonntag nach Leopoldi.

Oder die Viehmärkte, die an jedem Samstag stattfanden.

Hunderte von Rindviechern wurden angetrieben, davon war ein Teil Mastochsen, die alle nach Auswärts verkauft wurden. Auch Pferde und

38 Schäfchenwolken
39 siehe die Marktordnung im Anhang

Schweine wurden gehandelt, letztere mussten allerdings etwas entfernt vom Marktplatz gehalten werden.

An diesen Tagen waren an den vier Zugangsstraßen des Marktes, Torwärter aufgestellt, welche für das angetriebene Vieh die Platzgebühren in Empfang nahmen und auch die Gattung des Viehs in ein besonderes Verzeichnis eintrugen. Früher gab es zwei Haupttore, durch die man in den Markt kam, aber nach dem großen Brand, der im September 1862 ausbrach und über hundert Wohngebäude zerstörte, wurden die beiden Tore abgetragen.

Die Ringmauer, die den Markt wie einen hohen Schutzwall umgab, wurde an einigen Stellen geöffnet, um bei einem etwaigen erneuten Feuerausbruch, ungehindert die Brandstätte verlassen zu können. Zu tief saß den Bürgern noch das schreckliche Geschehen in den Knochen. Zehn Menschen fanden den Tod. Vieh verbrannte, sowie fast die gesamte Ernte. Hab und Gut ging in den Flammen auf und viele verließen notgedrungen ihre Heimstatt und mussten sich bettelnd bis ins Österreichische durchschlagen, sofern sie nicht mitleidige Verwandte aufnahmen. Die Not war unvorstellbar groß.

Die Kirche, deren Neubau erst ein Jahr vorher fertig war, fiel den Flammen zum Opfer. Drei Jahre dauerten die Ausbesserungen der Brandschäden.

Ernestine hörte mit großen Augen zu.

Es war verboten, das Vieh auf Seitenwegen oder durch Hintergebäude der hiesigen Einwohner zum Markte zu bringen. Der Verkauf dauerte den ganzen Tag und es wurde unerbittlich gehandelt und gefeilscht. Vor zwei Uhr nachmittags durfte kein unverkauftes Tier vom Markt abgetrieben werden und bis zum Gebetläuten um sechs Uhr abends musste der Marktplatz von sämtlichem Vieh geräumt sein.

Paul verstummte plötzlich. Ernestine hätte ihm noch stundenlang so zuhören können. Aber jetzt tauchte der stattliche Turm der Kirche vor ihnen auf, der „Bayerwalddom."

Überwältigt schaute sie nach oben. Aus massiven Granitquadern erbaut, erreicht er eine Höhe von 67 Metern, wie Paul ihr soeben erklärte. So ein imposantes Bauwerk hatte sie in ihrem ganzen Leben noch nie gesehen.

Mitten durch den Markt floss ein schmaler Bach und an dessen Längsseiten drängten sich Stand an Stand. Was es da alles zu sehen und auch zu kaufen gab …

Geflochtene Schwingen und Besen, Melkschemel und sogar Backtröge aus massiven Holz. Rechen und Getreideschaufeln, sowie Stiele für Äxte und Hacken. Ein Stand hatte schöne gedrechselte Teigschüsseln in allen Größen, dazu die passenden Koch- und Rührlöffel.

Holzschuhe in verschiedenen Größen, fein säuberlich nebeneinander aufgereiht. Rührkübel zum Ausrühren der Butter, Ribbelbretter zum Wäschewaschen und vieles mehr.

Auf einem Gerüst hingen lange Stränge aus Schafwolle zum Sockenstricken. Es gab Gefilztes und Gewalktes. Eine Auslage mit bunt verzierten Tellern stach Ernestine in die Augen, aber Paul schob sie unerbittlich weiter durch das Gedränge. Es herrschte überall lautstarkes Geschrei, dass es in den Ohren nur so dröhnte. Jeder pries seine Ware als die alleinige Beste an und versuchte mit allen Mitteln die Aufmerksamkeit der sich Durchschiebenden zu erhaschen.

Ernestine schwirrte von all den Eindrücken der Kopf.

Gebannt blieb sie vor einem Stand mit fein gewirkten dunklen Tüchern stehen. Diese waren aus Baumwolle oder Halbseide angefertigt und mit farbigen Randstreifen oder hübschen Blumenmustern in den Tuchecken versehen.

„Ein schönes Tuch für eine schöne Braut?“ Der Händler hielt ihr ein besonders schönes Exemplar ausgebreitet vor die Nase.

Ernestine fuhr der Schreck gewaltig in die Glieder, aber Paul war schon einige Schritte weitergegangen und hatte Gott sei Dank nichts davon mitbekommen. Mit einem bedauernden Kopfschütteln löste sie ihren Blick von all den Herrlichkeiten und strebte den beiden hinterher, um sie in dem Gedränge nicht zu verlieren.

Endlich hatten sie die Gänse in den verschiedenen Wirtshäusern, von denen es im Marktbereich über zwanzig und sogar auch ein Bräuhaus gab, abgeliefert.

Jakob war anscheinend mit dem Erlös zufrieden, da er gut aufgelegt meinte: „So jetzt gönnen wir uns erst einmal ein gescheites Dunkles und etwas Gutes in den Magen."

In der verrauchten Wirtsstube ging es hoch her. Die schwitzende Kellnerin hatte alle Hände voll zu tun, um die Bedürfnisse der hungrigen Gäste zu befriedigen. Als schließlich auch vor Ernestine ein Krug Apfelmost und ein großer Teller Lüngerl mit einem riesigen Knödel stand, machte sie sich hungrig darüber her, ohne das turbulente Durcheinander um sie herum überhaupt noch wahrzunehmen.

„Das war vielleicht gut!" Die leere Schale von sich schiebend lehnte sie sich zufrieden aufatmend an die Rückenlehne der Wirtshausbank.

Paul hatte sein Bier bereits auf die Schnelle ausgetrunken und sah sie nun belustigt an.

"Nun, wo du dich gestärkt hast, können wir uns in den Markttrubel stürzen oder bist du zu müde dazu?"

„Nein, nein", wehrte Ernestine energisch ab, „ich möchte mir alles genau anschauen, so viele Menschen und so viele Sachen hab ich noch nie auf einen Haufen gesehen."

Jakob schmunzelte. „Ja, geht nur ihr zwei, ich treffe bestimmt noch etliche Bekannte. Aber wenn die Kirchturmuhr halb drei schlägt, müssen wir den Heimweg antreten, schließlich wollen wir noch vor der ärgsten Finsternis daheim ankommen."

So hatten sie alles genau in Augenschein genommen. Paul hatte für Theres fünf Strang von der guten Sockenwolle erstanden.

„Sie ist krank, wenn sie im Winter nicht jeden Tag was zum Nadeln hat", meinte er grinsend. „Meine Socken bestehen sowieso schon wieder aus lauter gestopften Löchern."

Kreszenz bekam eine neue Teigschüssel, die Paul in seinem Buckelkorb verstaute, die Wolle trug Ernestine gut verpackt auf dem Rücken.

„Das wäre etwas Feines für dich!“ Die Begeisterung in seiner Stimme war unüberhörbar. Paul schob sie an den Stand mit den bunten Tüchern. Ernestines Gesicht überzog sich in Sekundenschnelle mit einer flammenden Röte.

„Nein, ich, ich …“ Sie wusste vor lauter Verlegenheit nicht, wohin sie den Blick wenden sollte. Der Händler strahlte sie beide mit einem geschäftstüchtigen Lächeln an.

„Hat es sich der Herr Bräutigam doch noch überlegt. So ein schönes Tuch, wie geschaffen für ein so schönes Mädel!“

Paul stutzte verblüfft, dann schüttelte er abwehrend den Kopf. „Nein, keine Braut …!“

Verwirrt hielt er inne. Der Händler hielt noch immer das Tuch, das zugegebenermaßen besonders schön in verschiedenen dunklen Grün- und Blautönen schimmerte, in den Händen. Es würde gut zu Ernestines Augen passen, schoss es Paul unvermittelt durch den Kopf, aber als er sich umwandte, war sie wie vom Erdboden verschwunden.

Ernestine war Hals über Kopf geflüchtet. Am liebsten wäre sie auf der Stelle im Erdboden versunken. Was mochte Paul nur von ihr denken? Die Turmuhr schlug halb drei und so wandte sie sich dem oberen Ausgang zu. Sie würde langsam vorangehen, dachte sie bekümmert. Wie sollte sie Paul nun noch unbefangen in die Augen sehen. Ihr war in dem unseligen Moment klargeworden, dass sie sich genau das wünschte; seine Braut zu sein und nicht nur ein Dienstbote, den man von morgens bis in die Nacht umherscheuchte.

Aber seit der unseligen Geschichte mit der Gans, hatte sie Paul nie mehr so angesehen, so bewundernd und beinahe liebevoll. Manchmal bekam sie sogar den Eindruck, als ob er sich vor ihr fürchtete. Unsinn, schalt sie sich sofort insgeheim. Nicht fürchtete, sondern schämte, weil er sie damals einfach allein zurückließ.

Nun, es gab nichts, was man nicht wieder gutmachen konnte. Sie schwor sich, besonders nett zu Paul zu sein, aber nicht zu sehr. Der letzte Anstoß musste letztendlich von ihm ausgehen, aber sie würde von jetzt an alles daransetzen ihn zu bekommen. Nach diesem unumstößlichen

Vorsatz wandte sie sich erleichtert um, um auf Jakob und Paul an der Zufahrtsstraße in Richtung Heimat zu warten.

Es war ein ermüdender und eintöniger Rückweg. Paul sprach auf der ganzen langen Strecke keine fünf Sätze und auch Jakob stapfte wortkarg vor ihnen her, zudem wurde es beizeiten finster und empfindlich kühl.

So war Ernestine froh, endlich in ihre Kammer und ins Bett zu kommen. Als sie die niedrige Tür zu dem düsteren Gemach aufstieß, wusste sie im ersten Moment nicht, was so anders daran war. Bis sie begriff! Statt des warmen Oberbettes lag nur eine rupfene wollene Decke auf ihrem Strohsack.

Entsetzt ließ sich Ernestine darauf nieder. Das konnte nur Kreszenz gewesen sein, aber für heute war es zu spät, um noch etwas dagegen zu unternehmen. So hüllte sie sich fröstelnd samt ihrer Kleidung in den rauen Überwurf und in ihre Tränen mischte sich Zorn und heiße Wut, die sie von innen wärmte und endlich in einen unruhigen Schlummer sinken ließ.

Am nächsten Morgen ließ sie sich nicht das Geringste anmerken. Sie erledigte die Stallarbeit wie immer, molk die Kühe und gab den Säuen ihr Futter.

Kreszenz maß sie unverhohlen mit erwartungsvoll glitzernden Augen. Ernestine hatte lange gründlich überlegt und als alle morgendliche Arbeit erledigt war, handelte sie unverzüglich.

Paul befand sich in der Scheune und schichtete das Heu für den nächsten Tag zu einem Haufen.

„Ich brauche deine Hilfe!"

Überrascht wandte er sich zu ihr um. „Meine Hilfe, wozu?"

„Meine Bettstatt ist durchgebrochen!"

Kopfschüttelnd wandte sich Paul erneut dem Heuhaufen zu.

„Hat dies nicht Zeit bis später?"

„Nein!" Ernestines Stimme bekam einen rauen Unterton. „Bitte", fügte sie nun etwas leiser hinzu und sah ihn forschend unverwandt an.

Seufzend lehnte nun Paul die Heugabel an die Scheunenwand und folgte ihr durch die Tenne über die ausgetretenen Holzstufen ins Vorhaus. Vor der halb geöffneten Tür zur Dirnenkammer blieb er stehen.

„Eigentlich gehört es sich nicht, dass ich so allein in deine Kammer geh, aber wenn es denn sein muss." Achselzuckend stieß er die Tür ganz auf, die in den Angeln ein lautes quietschendes Geräusch von sich gab.

„Gehört auch mal geschmiert", gab er brummend von sich, um dann abrupt stehen zu bleiben, sodass Ernestine mit voller Wucht auf ihn prallte.

„Das Bett ist noch ganz, wozu diese Lüge?" Erbost wandte er sich um. Ernestine war ihm noch nie so nahe gewesen. Paul musterte sie mit einem eigenartigen Blick und sie fühlte ihre Knie weich werden. Am liebsten wäre sie an seine Brust gesunken und hätte sich ihren ganzen Kummer von der Seele geweint.

„Ich wollte dir nur etwas zeigen." Mit beredter Geste wies sie auf das mager bestückte Bett.

„Als ich gestern nach unserem Rückweg am Abend in die Kammer kam …"

Fassungslos starrte Paul auf die verschlissene Decke. In seine Augen trat ein zorniges Funkeln und ohne ein weiteres Wort schob er sich an ihr vorbei Richtung Stube. Ernestine hörte seine lautstarke empörte Stimme bis in den Stall, wohin sie sich vorsorglich geflüchtet hatte. Als sie einige Zeit später in ihre Kammer lugte, lag das warme Oberbett wieder an Ort und Stelle und Ernestine fühlte, wie eine Welle der Genugtuung sie zu überschwemmen drohte. Es würde sich schon noch herausstellen, wer hier am längeren Hebel saß. Als sie später Kreszenz im Vorhaus begegnete, war dieser nichts anzumerken. Im Gegenteil!

„Morgen wird es zum Brotbacken, da brauche ich deine Hilfe", meinte sie mit einem leichten Lächeln.

Ernestine starrte ihr verblüfft nach. Sollte sich nun doch endlich alles zum Guten wenden?

Am nächsten Tag, sie hatten wunderbare neun Laib gebacken, mit einer reschen braunen Kruste und Jakob brummelte vergnügt, so gutes Brot habe er schon lange nicht mehr gegessen, schien sich aller Unbill der letzten Zeit in Luft aufgelöst zu haben.

Der verhältnismäßig kleine Brotbackofen, befand sich eigenartigerweise mit einer Hälfte in der Kuchl, die andere Hälfte ragte in eine feuchte Kammer dahinter, in der so allerlei selten gebrauchtes Gerümpel stand.

Dies war zum Backen zwar recht praktisch, da so die Laibe griffbereit aufgebahrt wurden und man sie nicht außer Haus tragen musste. Aber die Asche und den Ruß hinterher wieder einigermaßen zu entfernen, war buchstäblich eine rußige Angelegenheit und so hatte Ernestine alle Hände voll zu tun, um wieder einigermaßen Ordnung zu schaffen.

Die Tage wurden immer kürzer und kälter. Der Dezember war gekommen und mit ihm die ersten rauen frostigen Nächte. Ernestine fror trotz des warmen Oberbettes erbärmlich in ihrer Kammer und durch die Ritzen zog die eisige Luft in feinen Schwaden durch den Raum. Was hätte sie jetzt dafür gegeben, die drückende Schwere ihrer Schwester Agnes neben sich zu spüren, sogar deren laute Atemgeräusche fehlten ihr.

Eines Tages rückte Paul mit einer Anzahl Bretter an, die er von innen an die Stirnseite nagelte. Es half zumindest die größte Kälte etwas abzuhalten.

Theres drückte ihr manchmal eine blecherne Flasche, die mit heißem Wasser gefüllt war, in die Hand. Sie verzichtete dann selbst für diese Nacht auf deren Annehmlichkeit.

Ernestine hielt den wärmenden Behälter immer fest an sich gedrückt, sich bildhaft vorstellend, Paul hielte sie so im Arm und es wäre seine Nähe, die ihren Körper wärmte. Aber am Morgen war die Flasche eiskalt, und ernüchtert machte sie sich daran, den Tag mit seinen Herausforderungen erneut zu bewältigen.

Pauls Verhalten ihr gegenüber hatte sich seit der Auseinandersetzung mit Kreszenz verändert. Dies war der einzige Lichtblick in Ernestines alltäglichem Einerlei.

Immer öfter suchte er wie zufällig ihre Nähe und sie spürte, wie sein verlangender Blick auf ihr ruhte. Sah sie ihn dann an, wandte er rasch den Kopf wie ein ertappter Schuljunge, die Wangen mit verräterischer Röte überzogen.

Sie musste insgeheim lächeln ob seiner Verlegenheit, aber es erfüllte sie auch mit heimlichem Vergnügen, ihn so unsicher zu sehen.

Es war an der Zeit Nägel mit Köpfen zu machen.

So richtete sie es immer öfter ein, ihm mit einem schweren Eimer zu begegnen, was ihn veranlasste, ihr denselben mit einem Lachen abzunehmen, wobei ihre Hand wie zufällig die seine streifte, ihr Rocksaum an seinen Beinen vorbeistrich. Als sie eines frühen Abends mit zwei Kübel voll Schweinefutter die düstere Stiege zum Stall hinunterstolperte, war er es, der sie mit starken Armen auffing und sein Herzklopfen schien den ganzen Raum auszufüllen.

Sie lag abwartend, hingebettet an seiner Brust und Paul nahm die Gelegenheit endlich wahr, drückte ihr einen innigen Kuss auf die halbgeöffneten Lippen, den sie mit einer Inbrunst erwiderte, die sie selbst überraschte. Die Zeit dehnte sich, wurde zur Glückseligkeit …

Was keiner von beiden ahnte; Kreszenz stand wie versteinert am oberen Treppenabsatz und starrte mit zusammengekniffenen Augen auf das eng umschlungene Paar und ihre ohnehin herben Gesichtszüge wurden noch um eine Spur härter.

Ihr gemurmeltes: „Nur über meine Leiche wird sich diese Dahergelaufene in meinem Haus einnisten!“, hörte jedoch niemand. –

„Übermorgen wird es zum Schweineschlachten! Es ist kalt genug, ich hab schon dem Schneider Hans Bescheid gegeben. Der Sautrog ist zum Richten, das Brühpech und …“

Jakob gab noch einige Anweisungen, was Theres zu der bissigen Bemerkung veranlasste: „Der muss sich immer wichtig machen, als hätten wir noch nie eine Sau geschlachtet.“

Die Sau quietschte vor Todesangst, musste aber doch letztendlich ihr Leben lassen. Die kalte klare Dezemberluft war erfüllt von den Gerüchen des scharfen Brühpechs, der metallischen Schärfe körperwarmem

Blutes und den Eingeweiden, die prall und dunkel gefüllt aus der Bauchhöhle quollen.

Paul war und blieb verschwunden!

Das Blut musste ununterbrochen für die Würste gerührt werden, es durfte auf gar keinen Fall stocken. Die Gedärme wurden fein säuberlich entleert, dann geputzt und im kalten Wasser des Brunnentroges solange ausgespült, bis das Wasser klar blieb. Dabei war aber sorgsam darauf zu achten, dass die Haut nicht verletzt wurde. Die Hühner rauften sich fast um den Inhalt der Gedärme und Ernestine schwor sich, die nächste Zeit kein Ei anzurühren, wobei sich diese Frage eigentlich gar nicht stellte, da sie jetzt im Frühwinter sowieso so gut wie keine legten.

Es war unbeschreiblich viel zu tun!

Als am Nachmittag die ersten Würste wohlgeordnet in Reihen in der Kuchl nebenan aufgeschlichtet lagen, das Fleisch in groben Stücken kühl gelagert und Herz, Lunge sowie das Gekröse gekocht war, begleitete Jakob den Schneider-Hans zu seinem einschichtigen Häusl, ein großes Trumm Fleisch als Entgelt für die Hilfe in seiner Kirm. Der hatte ihn gebeten, sich doch seine Kuh einmal anzuschauen, denn sie scheine ihm etwas sonderbar, wolle nicht recht fressen und da er sich doch gut damit auskenne …

Jakob verstaute stillschweigend einige seltsame Dinge in seinen Korb und machte sich unverzüglich auf den Weg. Der Rest war sowieso Weibersache.

Paul war immer noch nicht da!

Der Nachmittag neigte sich dem Ende zu. Ernestine war seit dem frühen Morgen auf den Beinen und erst jetzt merkte sie wie erschöpft sie war, außerdem hatte sie den ganzen Tag außer einem Kanten trockenen Brotes und einem etwas fetten Stück gekochten Fleisches noch nichts gegessen. In der Kuchl lagen verlockend aufgereiht die dunklen Blutwürste, daneben das gegarte Fleisch, das am nächsten Tag mit Speckschwarten und etlichen Gewürzen zu Presssack verarbeitet werden würde. Ihr war vor Hunger bereits ganz flau im Magen und so schnitt sie sich kurz entschlossen ein handliches Stück davon ab und setzte sich mit vollen Backen kauend auf einen umgestürzten Zuber.

„Hab ich dich Luder endlich erwischt!“

Ernestine blieb vor Schreck der Bissen im Hals stecken.

Kreszenz stand wie ein zornerfüllter Racheengel in dem engen Durchlass und funkelte sie hasserfüllt an.

„Du packst jetzt deine Siebensachen und verlässt sofort das Haus!“

Ernestine starrte sie ungläubig an.

„Ich werde nicht gehen, warum auch?“, warf sie aufsässig ein. „Das bisschen Fleisch nach der ganzen Arbeit habe ich mir redlich verdient.“

Kreszenz stieß schnaubend die Luft durch die Nase.

„Um das Stückchen Fleisch geht es auch gar nicht, aber dies hier,“ damit zog sie eine rote Glaskaraffe, die Ernestine noch nie in ihrem Leben zu Gesicht bekommen hatte, unter ihrer grobleinenen mit Fettflecken übersäten Kittlschürze hervor.

„Die stammt aus Elonorenhain! Böhmisches rotes Glas, falls dir dies etwas sagt und seit langem in unserem Besitz und du wagst es, es dir anzueignen, du Diebin, du!“

Die schrille Stimme Kreszenz erstarb mit einem Keuchen. Erneut holte sie tief Luft.

„Ich dulde kein so hergelaufenes Gesindel unter meinem Dach. Du gehst auf der Stelle!“

Ernestine wusste kaum wie ihr geschah. Bevor sie überhaupt einen klaren Gedanken fassen konnte, befand sie sich samt ihrem Bündel; Kreszenz musste dies schon vorher zusammengepackt haben, viel war es ja ohnehin nicht, vor der Haustür.

„Die Holzschuhe kannst du behalten, damit kannst du bis nach Böhmen oder meinetwegen zum Teufel gehen!“

Hinter dem kleinen Stubenfenster tauchte für einen kurzen Augenblick das kummervolle Gesicht von Theres auf, die aber sofort von Kreszenz weggezerrt wurde.

Fassungslos sah Ernestine auf die geschlossene Haustüre. Das konnte sie doch nicht machen! Aber als sie versuchsweise an der Klinke rüttelte, blieb diese verschlossen und es herrschte nur noch unheilvolle Stille.

Was sollte sie bloß tun? Paul war immer noch nicht da.

Vielleicht sollte sie ihn suchen, aber wo? Es war ihr sowieso nach wie vor unverständlich, wie er an einem solchen Tag, wo jede Hand nötig gebraucht wurde, wieder einmal, wie auch schon beim Gänseschlachten spurlos verschwand, und niemanden schien es sonderlich zu bekümmern.

Niemanden – außer ihr.

Inzwischen begannen sachte die ersten Flocken zu fallen. Erst leicht wie fedrige Gänsedaunen, aber mit jeder Minute schüttete der Himmel mehr davon aus, so als wolle er all die Ungerechtigkeit mit seinem blendenden Weiß zudecken.

Verzagt schwang sich Ernestine ihren Korb samt Inhalt auf den Rücken. Es nützte nichts, wenn sie hier herumstand. Sie musste Paul unbedingt finden und ihm erklären, dass sie keine Diebin war. Hoffentlich schenkte er ihr Glauben, sonst war alles verloren. Leise Zweifel beschlichen sie und mit tränenblinden Augen machte sie sich schweren Herzens auf den Weg, den sie mit Paul hergekommen war – Richtung Gänswies.

Auf halber Strecke tauchte ein völlig schneebedeckter Paul auf. Verdutzt, die laut schluchzende Ernestine, die wie eine Klette an seiner Brust hing und wirres Zeug von gegessenem Fleisch und rotem Glas stammelte, in seinen Armen haltend, konnte er sich zuerst keinen Reim darauf machen. Nachdem sie sich aber etwas beruhigte, dämmerte ihm das ganze Ausmaß dessen, was sich abgespielt hatte.

„Du glaubst mir doch?“ Ängstlich sah Ernestine zu ihm auf. Er hielt sie noch immer fest im Arm.

„Ich weiß, dass du keine Diebin bist. Komm, wir gehen jetzt nach Hause, es wird alles gut!“

„Aber deine Mutter …“, Ernestine versagte vor Verzweiflung die Stimme.

Erneut kamen ihr die Tränen. Der arbeitsreiche Tag, der Mangel an Essen und zuletzt die verstörenden Ereignisse forderten nun ihren Tribut. Sie hatte das Gefühl, sich keine Sekunde länger auf den Beinen halten zu können.

Paul strich ihr sanft die Tränen aus dem verweinten Gesicht.

„Hab keine Angst, vertrau mir einfach. Es wird alles gut“, bekräftigte er noch einmal mit fester Stimme. „Komm, wir gehen jetzt heim und es wird in Zukunft auch dein Zuhause sein.“

Mit diesen Worten nahm er ihr die Kirm ab und schwang sie sich entschlossen auf den Rücken. Es wurde Zeit, die Dinge in die Hand zu nehmen!

„Du bringst diese Diebin wieder zurück in mein Haus?“

Fassungslos starrte Kreszenz auf die mit Schnee bedeckte Gestalt neben Paul. Dieser schob wortlos Ernestine mitten in die Stube. Jakob, der auch gerade zurückgekehrt war und somit von dem ganzen Drama nichts mitbekommen hatte, runzelte überrascht die Stirn.

„Wieso eine Diebin?“

„Weil ich dies in ihrer Kammer gefunden habe und da es auf keinen Fall ihr gehört, sondern ein Patengeschenk von seinem Onkel Johann an Paul war, hat sie es gestohlen!“, schrie Kreszenz erbost. „Ich hab sie hinausgeworfen, sie soll dahin gehen, wo sie hergekommen ist!“

Paul nahm ihr behutsam das im Feuerschein des Herdes rot funkelnde Glas aus den Händen.

„Ich habe es Ernestine in ihr Bett gelegt. Es sollte eine Überraschung sein, sozusagen als Brautgeschenk. Ja, es ist mein Patengeschenk und es wird an unser erstes Kind weitergegeben werden. Ernestine wird meine Frau und im Frühjahr ist Hochzeit.“

„Und dir rate ich“, Paul deutete mit ernster Miene auf Kreszenz, „dich damit abzufinden und vor allen Dingen Frieden zu halten.“

Kreszenz war erschüttert auf die Fürbank gesunken.

„Du wagst es deiner Mutter …“, hier brach ihr die Stimme.

„Sie hat nichts und sie ist nichts, nur eine böhmische Dirn!“ Erneut bekam ihre Stimme einen stählernen Klang. „Unter meinem Dach …“

Hier unterbrach sie Paul vehement. “Es ist auch mein Dach!“

„Meines auch“, ließ sich Theres zaghaft vernehmen, die bis jetzt stumm und mit weit aufgerissenen Augen das Ganze aus ihrer Ecke am Küchenherd verfolge. Sie hatte anscheinend völlig vergessen, dass die Kartoffeln schon lange gar waren, denn ein angesengter Geruch erfüllte plötzlich die Stube.

„Es ist auch mein Haus!“, bekräftigte Jakob mit Nachdruck.

„Wenn der Bub es so will, dann gib Frieden. Es ist nicht gut, wenn in einem Heim Zwietracht herrscht. Ernestine kann arbeiten, das hat sie zu Genüge bewiesen und dass sie nichts hat, na ja“, hier brach er achselzuckend ab.

„Da kann man nichts machen. Sei es, wie es will!“

Ernestine hatte fassungslos zugehört. Paul wollte sie zur Frau? Sie wurde Bäuerin auf dem Jògowerlhof! Ein unbändiges Glücksgefühl drohte sie zu überwältigen.

Plötzlich fiel ihr etwas siedendheiß ein und sie eilte flugs aus der Stube, die Anwesenden ein wenig ratlos zurücklassend.

In ihrer Kammer unter dem Strohsack gut verborgen, ertasteten ihre Finger erleichtert den Beutel mit dem Geld, das ihr die Mutter vor dem Aufbruch zugesteckt hatte. Sie wusste immer noch nicht, wie viel sich darin befand. Eine sonderbare Scheu hatte sie bis jetzt davon abgehalten, nachzuschauen.

„Dies ist alles, was ich besitze!“

Mit herausforderndem Gesichtsausdruck warf sie den Beutel klirrend auf den Tisch.

Das anscheinend schon etwas brüchige Leinen zerriss mit einem leisen Knirschen und heraus ergossen sich silberne Münzen, die im weichen Feuerschein wie Mondlicht schimmerten.

Tanze mit mir
den Frühlingsreigen –
Bade mit mir
im goldenen Schein –
Horte mit mir
Licht und Wärme
– und für die Erinnerung
an den Winter
bleibt weder Raum
noch Zeit.

Die neue Jògowerlbäuerin

26. Mai 1879

Versonnen stand Ernestine mitten in der Stube, den kleinen Jungfernkranz aus Buchsbaum in den verschlungenen Händen. Heute war es soweit, sie war am Ziel ihrer Wünsche angelangt.

Heute war Hochzeit! In ein paar Stunden würde sie die neue Jògowerlbäuerin sein …

Der Winter war vorbeigegangen, mit stundenlanger Arbeit im Zwielicht der rußenden Öllampe. Theres strickte unablässig Socken aus der Wolle, die ihr Paul vom Jahrmarkt mitgebracht hatte und jammerte dabei ständig über ihre gichtigen Finger.

Aber als ihr Ernestine die Nadeln aus den roten geschwollenen Fingern nahm, um die angefangene Arbeit selbst zu beenden, begann ein nicht enden wollendes Zetern und Schimpfen; sie gehöre noch lange nicht zum alten Eisen und überhaupt, ihr Lebtag habe sie die Socken gestrickt und bis jetzt seien die noch immer anständig geworden, sodass sie ihr schleunigst alles wieder in die Hand drückte und Theres zumindest für die nächste Stunde mäuschenstill war, dann begann das Klagen erneut.

Paul dagegen, schnitt Holzspäne zum Anheizen für den großen gemauerten Küchenherd mit aufgesetztem Kachelofen, der den Raum mollig warm hielt, aber einen Großteil der Stube beherrschte. Auf einem Schemel, den Rücken der Wärme entgegenhaltend Jakob, der fortwährend irgend etwas in Arbeit hatte, seien es Rechenzähne, Kochlöffel oder aus Lindenholz einen neuen Kumpf[40] für den Wetzstein, der für das Nachschärfen von Sensen unentbehrlich war.

Die Stube war fast andauernd von Wasserdampf erfüllt, da irgend etwas immerzu am Sieden war, sei es Viehfutter, Kartoffeln oder Kraut. Der Stubenboden war ständig mit Sägespänen übersät und Kreszenz wetterte, irgendwann bräche sie sich noch einen Haxen bei diesem Durcheinander. In einer Holzkiste unter der Fürbank grunzte ein kleines Ferkel wohlig vor sich hin. Jakob hatte es vor ein paar Tagen im

40 Köcher

Buckelkorb dahergebracht, es war allerdings noch sehr mager. Die Muttersau hätte es beinahe tot gebissen und so war es laut Jakob fast umsonst hergegangen. Ernestine versuchte ihm dauernd mit den Fingern etwas Milch einzuflößen und als es ihr endlich gelang, fühlte sie sich glücklich und zufrieden.

Paul meinte lächelnd, sie benähme sich schon wie eine richtige Mutter, was ihr Gesicht vor Verlegenheit schlagartig erglühen ließ und sie spürte seine verlangenden Blicke wie warmen Regen über ihren Rücken rieseln. Aber er rührte sie nie an!

Seit dem unglückseligen Tag, als sie schluchzend an seiner Brust lag und er sie tröstend in seinen Armen hielt, war er über eine flüchtige Berührung oder ein warmes Lächeln nie hinausgegangen.

Manchmal war sie sich nicht sicher, ob sie seine Worte, er wolle sie zu seiner Frau machen, nur geträumt hatte. Aber dann traf sie wieder ein liebevoller Blick aus seinen Augen und sie wusste, sie hatte sich dies nicht nur eingebildet.

Am Weihnachtsabend legte ihr Paul mit einem etwas verlegenen Lächeln das wunderschöne Tuch vom Jahrmarkt um die Schultern, blaugrün schillernd mit bunten Blütenranken an den Kanten und sie fiel ihm spontan freudestrahlend um den Hals, Kreszenz verkniffenes Gesicht einfach ignorierend.

Sie konnte es kaum erwarten, bis endlich der Frühling kam.

Das Verhältnis zu ihrer zukünftigen Schwiegermutter hatte sich nicht merklich verbessert. Nach außen hin gab sich Kreszenz alle Mühe ihre Abneigung zu verbergen, aber in unbeobachteten Momenten drückte ihre missbilligende Miene ihre wahren Gedankengänge aus. Ernestine kümmerte dies nicht besonders.

Jakob war ihr wohl gesonnen, besonders als sich herausstellte, dass sich in dem Beutel eine ansehnliche Summe befand. Theres hatte sie sowieso von Anfang an in ihr Herz geschlossen, aber nicht gewagt sich gegen die Schwester aufzulehnen.

Hinter ihrem Rücken öffnete sich mit einem leisen Knarren die Stubentür und Theres kam herein. Über dem Arm trug sie das traditionelle schwarze „Kopfendtuch", das verheiratete Frauen zum Kirchgang und zu besonderen Anlässen trugen.

„Ich brauch es nicht mehr, komm ja sowieso nirgends mehr hin, nicht einmal zum Gottesdienst." Mit einem leisen Bedauern in der Stimme legte sie das schwarze seidig schimmernde Gewebe auf den Tisch.

Vor Freude nahm Ernestine die kleine verhutzelte Gestalt spontan in den Arm.

„Aber ich weiß nicht, wie es gebunden wird?"

Lächelnd drückte Theres sie auf einen Schemel. Ihr langes Haar hatte sich Ernestine schon vorher zu einem straffen Zopf und zu einem fülligen Knoten im Nacken gewunden. Es schickte sich schließlich nicht, als zukünftige Bäuerin mit offenen Flechten herum zu laufen.

„Theres, darf ich dich etwas fragen?" Ernestines Stimme klang unsicher.

„Frag nur", nuschelte diese, etliche Nadeln im Mund und vollauf damit beschäftigt das große dreieckige Tuch in der komplizierten Abfolge, bei der am Schluss zwei lange Zipfel wie Flügel bis über die Körpermitte reichten, auf Ernestines Kopf zu befestigen.

Ernestine hüstelte verlegen. „Wie ist das zwischen Mann und Frau, du weißt schon …?"

Diese kicherte glucksend, wobei ihr die Nadeln aus dem Mund fielen und sie seufzend von vorne begann, die Enden festzustecken.

„Wie soll ich das wissen, ich hab mein Lebtag noch keinen Mann gehabt. Hab auch nie einen gewollt und schon gar nie gebraucht!"

Fassungslos wandte Ernstine den Kopf. „Du hast niemals …?"

„Halt still, sonst werden wir nicht fertig!"

Gehorsam senkte Ernestine erneut ihr Haupt.

„Aber ich kann sonst niemanden fragen. Meine Mutter …", hier versagte ihr die Stimme. Manchmal fehlte sie ihr so sehr. Wie mochte es ihnen allen wohl gehen?

Eigentlich hätte ich ihnen Nachricht zukommen lassen müssen, stellte sie mit leisem Bedauern fest; aber da sie im März einundzwanzig geworden war, brauchte sie keine Einwilligung seitens der Eltern zur Heirat und somit erübrigte sich dies. Sie wären sowieso nicht gekommen.

„Paul wird schon das Richtige tun!“ Damit war anscheinend für Theres die leidige Angelegenheit erledigt.

„Kreszenz mag mich immer noch nicht. Warum ist sie so, so hart?“

Bedrückt starrte Ernestine auf ihre Schuhspitzen, deren blankpolierte Kappen sich dunkel von den rissigen Bodenbrettern abhoben.

Paul hatte sie ihr gestern Abend als Brautgeschenk in die Hand gedrückt.

Extra für sie angefertigt! Dazu war er die ganze Strecke zweimal hin und zurück nach Waldkirchen gestiefelt, einmal um sie in Auftrag zu geben und einmal um sie abzuholen. Er hatte heimlich einen Abdruck von ihren Füßen gemacht, rannte sie doch die meiste Zeit, sehr zum Missfallen von Kreszenz immer noch barfuß herum und so passten sie wie angegossen.

Ernestine waren vor Freude die Tränen über die Wangen gerollt. Schuhe! Schuhe, die nur ihr gehörten. Das Leben war so schön!

Aber nun saß sie hier. Wenn sie an die kommende Nacht, ihre Hochzeitsnacht dachte, beschlich sie ein beklommenes Gefühl. Sie wusste nicht recht, was Paul von ihr erwartete.

So ganz ahnungslos war sie nicht! Schließlich war sie auf einen, wenn auch kleinen Häuslerhof groß geworden. Sie hatte zugesehen, wie eine Kuh gedeckt wurde oder die Hunde im Dorf sich mit hechelnder Zunge bestiegen.

Aber das konnte sich doch nicht so abspielen? Bei dem Gedanken daran, überfiel sie Mutlosigkeit. Ach, wäre doch ihre Mutter da, oder wenigstens Theres nicht gar so ahnungslos. Ihre zukünftige Schwiegermutter konnte sie auf gar keinen Fall fragen, eher biss sie sich die Zunge ab.

Ächzend ließ sich Theres auf die Fürbank fallen.

„Früher war Kreszenz ganz anders.“ Sinnend ließ sie ihren Blick aus dem kleinen Fenster in den lauen Maienmorgen schweifen.

„Früher war sie ein lustiges Ding. Hat den ganzen Tag gesungen."

„Gesungen?" Ernestine riss ungläubig die Augen auf.

„Ja, sie hatte sogar eine schöne Stimme. Aber dann ist irgend etwas geschehen. Was eigentlich, weiß ich selbst nicht so genau. An einem Sonntag kam sie weiß wie ein Leintuch vom Kirchgang zurück, legte sich ins Bett und stand nicht mehr auf. Aß nichts, trank nichts! Nur mit Müh und Not konnte ich ihr etwas Brunnenwasser einflößen. Wir waren alle ratlos. Sie verließ zwar nach etlichen Tagen ihr Lager, aber von da an war sie eine andere. Es war, als ob irgendetwas in ihr kaputt gegangen wäre, so wie eine Uhr, die aus dem Takt ist."

Seufzend strich sich Theres die spärlichen eisgrauen Haarflusen aus der Stirn.

„Dann stellte sich heraus, dass sie guter Hoffnung war und niemand, nicht einmal mein Bruder Johann, der sich sonst nie ein Blatt vor dem Mund nahm, wagte sie darauf anzusprechen. Als Paul dann geboren wurde, war sie nach außen hin fast wieder die Alte. Nur lachen oder singen hab ich sie seitdem nie mehr gehört."

Ernestine hatte betroffen gelauscht.

„Ich hab Paul nie gefragt, ob er weiß, wer sein Vater ist?"

„Nein! Niemand weiß es und Kreszenz wird dieses Geheimnis auch niemals preisgeben. Nun komm, wir wollen schließlich deinen Hochzeiter nicht warten lassen, nicht dass er es sich noch anders überlegt."

Lachend knuffte Theres sie in die Seite, langte aber dann mit feierlicher Miene in den kleinen hölzernen Weihwasserkessel neben der Stubentüre, und zeichnete bedächtig das Kreuzzeichen auf die Stirn der Braut.

Mit klopfendem Herzen stand Ernestine vor der Tür zu ihrem neuen Heim, dem Jògowerlhof!

„Du musst mit dem rechten Fuß über die Schwelle treten, damit das Glück Einzug hält." Die Stimme von Theres klang eindringlich hinter ihr und Ernestine wandte lachend den Kopf.

„Du, mit deinem Aberglauben!“

Die Hochzeit war schön gewesen, schön und lustig.

Als sie vor der Kirche stand, kam plötzlich völlig unerwartet ihr Vater auf sie zu und Ernestine glaubte zu träumen. Er war schon am Abend vorher angekommen und hatte im Wirtshaus Quartier bezogen. Nun stand er in seinem besten Feiertagsrock vor ihr und sein zaghaftes Lächeln sprach Bände.

Paul hatte alle Hebel in Bewegung gesetzt, um ihrer Familie Bescheid zu geben.

Ein Händler hatte sich schließlich bereit gefunden gegen ein Entgelt, den Umweg von Kaltenbach über Planie zu machen. Sie konnte momentan vor lauter Rührung kein Wort hervorbringen und sah ihn nur um Verzeihung bittend an. Er aber nahm sie lächelnd beim Arm und seine Augen, die den ihren so sehr glichen, funkelten belustigt.

„Ich kann doch meine Älteste nicht ohne väterlichen Beistand heiraten lassen, schließlich bin ich auch noch Trauzeuge!“

Ernestine wäre ihm am liebsten um den Hals gefallen, aber solche Gefühlsbezeugungen waren zwischen ihnen nicht üblich und so strahlte sie ihn nur glückselig an. Manchmal lastete das heimliche Weggehen schwer auf ihrer Seele und so war in ihr jetzt eine Leichtigkeit, die ihr niemand nehmen konnte.

Nach der Kirche und dem reichhaltigen Mittagessen ging es im Wirtshaus erst lustig zu. Ein Harmonikaspieler spielte fidele Weisen. Es waren sogenannte „Schnaderhüpfl“, in denen über die anwesenden Leute in Reimen gesungen wurde. Eines gefiel ihr ganz besonders.

Sie selbst hatte über den Winter, dank der reichhaltigen Kost, und weil auch im Winter die schwere Arbeit ruhte, wohlgefällige Rundungen angesetzt.

„Des is mein Dirndl nit,

denn mei Dirndl ist dick um Mitt,

und is net dick um Mitt,

so is mei Dirndl nit.“

Paul nahm sie darauf mit einem vielsagenden Blick um die Mitte und flüsterte ihr verheißungsvoll ins Ohr: „Du bist mein Dirndl nit, du bist jetzt meine Frau!", was sie vor Freude und Stolz innerlich erglühen ließ.

Sie konnte es immer noch nicht so recht glauben, aber nun saß sie neben ihm im schönsten Festtagsstaat. Im zeitigen Frühjahr kam extra deswegen eine Schneiderin auf Stör[41], um das Gewand, bestehend aus einem schwarzen knöchellangen Rock, einer Langarmjacke mit Schößen und einem grüngestreiften Fürtuch aus Seide, nach Maß anzufertigen.

Sie blieb drei volle Wochen und nächtigte samt freier Kost bei Kreszenz in der Kammer.

Paul bekam ebenfalls einen neuen Überrock aus gutem dunklen Wollstoff, darunter eine ebensolche ärmellose Weste und ein neues „Pfoadhemd." Der Anzug würde für den Rest seines Lebens das Feiertagsgewand sein.

Selbst Kreszenz hatte ihre verkniffene Miene abgelegt und allen den Anschein gegeben, ganz die wohlwollende Schwiegermutter zu sein. Ernestine war deshalb gewillt alle Zwistigkeiten der Vergangenheit zu vergessen und ganz von vorne anzufangen. Heute war ihr Tag und nichts und niemand konnte ihr die glückliche Laune verderben.

So wandte sie sich lächelnd um, die Schwelle zu überschreiten. Aber war es nun Unachtsamkeit oder Absicht, Kreszenz stolperte hinter ihr und rempelte sie an, sodass sie mit dem linken Fuß zuerst halb über die Schwelle trat. Schnell zog sie den Rechten nach vorne, hoffend dass dies niemand bemerkte. Zum Teufel mit dem ganzen unsinnigen Gerede von Theres, dachte sie achselzuckend, konnte aber das plötzliche Unbehagen das sie beschlich nicht verhindern und ein jäher Windstoß ließ sie innerlich frösteln.

Eine Woche darauf starb Theres!

Sie lag eines Morgens einfach starr und steif in ihrem Bett. Starb so, wie sie gelebt hatte; ohne groß Aufhebens von sich zu machen.

---

41 Handwerkerarbeit im Haus d. Kunden

Ernestine war untröstlich. Theres war in der letzten Zeit so etwas wie eine Art Muttterersatz für sie gewesen, denn Kreszenz war bald zu ihrer alten Ruppigkeit zurückgekehrt und so war alles beinahe wie vorher. Aber nur beinahe …

In der Hochzeitsnacht; Ernestine hatte sich unter dem bis zum Kinn hochgezogenen Federbett verkrochen und harrte bangen Herzens der Dinge, die nun unweigerlich kommen mussten, doch Paul schob ihr dieses behutsam mit einem Lächeln beiseite, und unter seinen Zärtlichkeiten schmolzen ihre geheimen Ängste wie Schnee in der lauen Frühlingssonne.

Noch nie in ihrem Leben hatte sie soviel Glückseligkeit empfunden. War auch die Kammer von Paul eng und nur mit dem Notdürftigsten ausgestattet, außer dem Bett und einem wackligen Schemel befand sich nur ein wurmstichiger Schrank an der Breitseite.

Aber Paul versprach, sich sofort um ein neues Bett zu kümmern, schließlich sei das alte nicht besonders stabil, bemerkte er grinsend, wobei er sie erneut in seine Arme zog.

Am nächsten Morgen trug sie ihr Haupt ein gutes Stück höher und nachdem sie Theres mit neugierigen Blicken fast durchbohrte, kam sie nicht umhin, dieser heimlich zuzuflüstern: „Da hast du das Schönste im Leben versäumt."

Worauf diese nur achselzuckend meinte: „Was man nicht kennt, kann man auch nicht vermissen!", und somit war die Sache für sie erledigt.

Nun war sie tot und Ernestine und Paul zogen in ihre geräumige Kammer, die sie sich mit Kreszenz und in früheren Zeiten mit ihren Schwestern geteilt hatte. Kreszenz musste nun nach einem heftigen Wortwechsel notgedrungen, mit Pauls Zimmer vorlieb nehmen, was nicht gerade zu deren besseren Stimmung beitrug. Aber Jakob bestand darauf!

„Es schickt sich nicht, zu zweit in einem Bett zu nächtigen und ein einzelnes Leut brauche nicht eine solch große Kammer."

Ernestine hatte nichts dagegen, die Nächte in Pauls Armen zu verbringen, aber nach einem besonders schweren Arbeitstag war sie manchmal doch ganz froh das Bett für sich alleine zu haben.

Der Sommer war gekommen und mit ihm die ganze bäuerliche Arbeit auf den Wiesen und Felder. Heute aber war Sonntag, der Tag des Herrn!

Sinnend blickte Ernestine über die südlichen Hänge, die sich in satten Grünschattierungen bis zum Bachlauf, der „KleinenMichl", hinzogen.

Tief aufatmend strich sie mit einer behutsamen Bewegung über die Vorderseite ihrer dunklen Kattunschürze. Seit heute war sie sich sicher; neues Leben war in ihr entstanden und so wartete sie sehnsüchtig auf Paul, um ihm die freudige Neuigkeit mitzuteilen.

Er war immer noch nicht vom Frühschoppen zurück. War er ansonsten arbeitsam und fleißig und das kühle Brunnenwasser unter der Woche für alle das einzige Getränk, welches zugegebenermaßen im Überfluss vorhanden war, so bestand er auf das sonntägliche Dunkle, doch manchmal zog sich der Aufenthalt im Kreise der übrigen Bauernburschen etwas länger als gedacht hin.

Jakob war schon lange vorher nach Hause gekommen. Er hatte sich sofort ins Bett gelegt, was bei ihm, der immer irgend eine Arbeit in die Hand nahm und sei es nur einen neuen Rechenstiel zu machen, seltsam war. Ernestine machte sich insgeheim Sorgen um ihn.

Endlich! Am oberen Hang tauchte eine kleine Gestalt auf, aber bei genauerem Hinsehen entpuppte sich dieselbe als ein völlig Fremder.

Verblüfft starrte Ernestine den Näherkommenden an.

Es war ein kleinwüchsiger Mann, das ihr kaum bis ans Kinn reichte. Auf dem Kopf trug er einen weitscheibigen Hut in undefinierbarer Farbe, am grellroten Hutband war eine ellenlange schillernde Auerhahnfeder befestigt, die bei jedem Schritt auf und ab wippte.

„Gott zum Gruß, junge Bäuerin! Stoffe gefällig, dazu Garne oder gleich die dazu passenden Knöpfe?" Dabei strich er sich wohlgefällig über seine schwarze Weste, deren Vorderseite dicht mit angenähten Knöpfen in allen möglichen Farben und Größen übersät war. Seine grün karierten Hosen steckten in schwarzen Stiefeln, die ihm fast bis an die Knie reichten. Mit einem Ächzen streifte er den hohen Buckelkorb von den Schultern und blickte sie mit einem verschmitzen Grinsen an, dabei den Hut mit einer tiefen Verbeugung vor ihr schwenkend, wobei die Feder eine Staubwolke vom Boden aufwirbelte.

„Gestatten, Federn-Jackl mein Name, meines Zeichens Hausierer, könnte ich wohl einen kühlen Trunk erbitten?“

Ernestine musste unwillkürlich hellauf lachen. So ein komischer Kerl war ihr noch nie untergekommen. Unschlüssig musterte sie ihn.

Jakob lag im Bett in seiner Kammer, Kreszenz war bei der Schneiderbäuerin und Paul immer noch nicht da.

Aber als sie das spindeldürre Männlein vor ihr abschätzend betrachtete, konnte sie sich ein Lächeln nicht verkneifen und so lud sie ihn mit einer Handbewegung ein, ihr in das kühle Vorhaus zu folgen.

Seit über einer Stunde saß sie nun hier vor all diesen bunten Dingen, die ausgebreitet auf dem Tisch lagen. Da gab es helle Borten und feine handgearbeitete Spitzen. Bänder in allen möglichen Farben und Breiten, Nähnadeln und Garnrollen und vieles mehr. Schließlich kramte er aus der Tiefe seines schier unerschöpflichem Korbes ein Paket heraus, sorgfältig in dunklem Kattunstoff eingeschlagen.

„Dafür werdet ihr zwar keine Verwendung haben, aber Anschauen kostet nichts.“

Mit diesen Worten rollte er behutsam das Gewebe auseinander. Vor Ernestine lagen eine Anzahl farbiger Krepppapierbögen.

„Woher habt ihr dies, die gibt es nur in Böhmen, bei uns …“, jäh füllten sich ihre Augen mit verräterischem Nass und sie schluckte das „daheim“, gerade noch rechtzeitig hinunter.

„Nun ja“, prüfend blickte er sie mit schiefgelegen Kopf, wie eine neugierige Amsel von unten her an.

„Ich komme viel im Böhmerwald herum. Vor kurzem war ich in der Gegend von Planie, aber da ist nicht viel Geschäft zu machen, die Leute dort sind alle mehr oder weniger bettelarm.“

Ernestine fühlte, wie sich ihr Magen schmerzhaft verkrampfte.

„Wenn ihr wieder einmal in die Gegend kommt, könnt ihr den Hawliks etwas ausrichten?“

„Hawlik, Hawlik?" Nachdenklich kratzte sich der Hausierer seine graumelierten Bartstoppeln. „So ein großer hantiger mit dunklen Haaren, da hab ich nichts verkauft, aber wenn es denn sein muss?"

„Bitte, ich kauf auch das ganze Papier!" Wortlos nickte ihr Gegenüber zustimmend.

„Sag ihnen, sag ihnen, dass es mir gut geht, und dass übers Jahr", Ernestine hielt sich schützend die Hand vor den Leib, „nein, sag ihnen nur, dass ich ein gutes Leben hab."

Zum Schluss hatte sie noch den dazugehörigen Draht und etliche böhmische Glasperlen erstanden.

Sie würde wieder bunte Blumen anfertigen, so wie in früheren Jahren und sich damit ein bisschen Böhmerwaldheimat in ihr Herz zurückholen.

Der Sommer war nun endgültig vorbei. Die Tage begannen kürzer zu werden und die Nächte brachten bereits erhebliche Abkühlung mit sich.

Es war kein guter Sommer geworden!

Sie hatten Jakob nach einem besonders arbeitsreichen Tag in der Scheune gefunden; zusammengebrochen, mit verkrampften Gliedern, die rechte Gesichtshälfte fast bis zur Unkenntlichkeit verzerrt. Seitdem lag er die meiste Zeit bewegungslos in seiner Bettstatt.

Nur mit unsäglicher Mühe konnte er einige Laute von sich geben, oder sich mit der Linken verständigen, aber die meiste Zeit starrte er nur teilnahmslos vor sich hin.

Kreszenz kümmerte sich aufopfernd um ihn.

Ernestine war nun im vierten Monat schwanger und trotz all der Kümmernisse der vergangenen Monate war sie guten Mutes.

Paul war an den letzten drei Sonntagen mit seinem Buckelkorb in der umliegenden Gegend unterwegs. Als er damals am späten Nachmittag nach Hause kam, war der Hausierer schon längst wieder gegangen.

Ernestines leise Befürchtung, er würde über ihre unnötigen Ausgaben für das bunte Papier erzürnt sein, schließlich brauchten sie das Geld für andere nützlichere Dinge notwendiger, erwies sich als unbegründet. Er zeigte sogar unverhohlene Begeisterung, schon damals wären ihm ihre selbstgefertigten Blumen aufgefallen. So war sie seitdem in jeder der seltenen freien Minuten beschäftigt, aus Papier, Draht und den glänzenden Glasperlen filigrane Gebilde zu formen, die Paul in seiner Trage mit anderem Händlerkram an den Mann, beziehungsweise an die Frau zu bringen versuchte. Ihre Blumen schmückten inzwischen etliche Herrgottswinkel und sogar Altäre in den kleinen Kapellen der Dörfer.

So saß sie auch heute an diesem wunderschönen Septembertag auf der Bank vor dem Haus und flocht mit flinken Fingern eine Blüte nach der anderen.

Das dafür eingenommene Geld hatte Paul ihr freudestrahlend in die Hand gedrückt.

„Für unseren Buben!" und sie übermütig herumgewirbelt.

Vor heute Abend würde er bestimmt nicht zurück sein und so hatte sie bis zur Stallarbeit noch etwas Muße, einige der begehrten Objekte herzustellen.

Ein langgezogenes klagendes Muhen ließ sie von ihrem Sitz hochfahren und Papier, Perlen und die halbfertigen Blüten ergossen sich wie bunter Regen auf die steinernen Gredplatten zu ihren Füßen.

Eilends begab sie sich zum Stall!

Die kleine Gescheckte zeigte schon seit gestern Abend schwache Anzeichen zum Kalben. Paul war aber der Meinung, da dies ihr erstes Kalb sei, würde sich die Geburt noch mindestens bis morgen hinziehen, und so war er heute ohne zu zögern zu seinem sonntäglichen Hausierergang aufgebrochen.

Erneut erklang ein schmerzhaftes Stöhnen, um dann abrupt wieder abzubrechen.

Ernestine riss die Stalltüre weit auf, ihr Blick suchte sich im Halbdämmer zu orientieren. Als sie nähertrat, fuhr ihr der Schreck durch alle Glieder. Von dem Schwanzende abwärts zog sich eine blutige Schleimspur, nässte das Stroh unter den Klauen.

Mein Gott, das Kalb kam und kein Mensch außer ihr war im Haus.

Die Kuh wandte schwerfällig den Kopf und sah sie aus blutunterlaufenen Augen hilfesuchend an.

„Ist ja schon gut." Ernestine strich der Gebärenden sacht über die Stirn, mehr um sich selbst zu beruhigen. Sie war nur ein einziges Mal beim Kalben dabei gewesen und dies auch nur als stumme Zuschauerin. Außerdem war dies schon Jahre her.

Erneut erklang dieser qualvolle Laut, der ihr durch Mark und Bein ging. Was sollte sie nur tun? Damals schien dies alles ganz einfach vonstatten zu gehen. Sie konnte sich nicht erinnern, dass es für die Kuh so schmerzhaft war. Ihr Vater und ein Nachbar hatten die Vorderbeine des Kalbes, die eine halbe Armlänge aus der Geburtsöffnung ragten mit einem festen Strich umwunden, an dem ein Querstock befestigt war und nach kurzem Ziehen flutschte das Kalb aus dem Geburtskanal, wurde mit Stroh trockengerieben und ehe man sich versah, stand es bei der Mutter und wurde ausgiebig von Kopf bis zum Hinterteil abgeleckt.

Ein wiederkehrendes langgezogenes Stöhnen riss sie aus ihren Gedanken. Irgendetwas stimmte hier nicht, stimmte ganz und gar nicht.

Vorsichtig hob sie den Schweif der Kuh an. Außer einem dünnen Rinnsal Blut, das aus einer kaum wahrnehmbaren Öffnung floss, war nichts zu sehen. Vielleicht war dies alles ganz normal. Paul würde bestimmt bald kommen. Er wusste mit Sicherheit, was zu tun war.

Ernestine wandte sich zum Gehen, aber als hätte die Kuh dies geahnt stieß sie ein solch durchdringendes Gebrüll aus, dass Ernestine vor Schreck beinahe über ihre eigenen Füße stolperte.

Wenn nur Kreszenz bald käme! Noch nie in ihrer Zeit auf dem Jògowerlhof hatte sie die Rückkehr ihrer Schwiegermutter so herbeigesehnt.

Als hätten ihre zwingende Gedanken diese herbeigerufen, öffnete sich im selben Moment die Stalltüre und Kreszenz spähte herein.

„Sie muht schon die ganze Zeit und ich …, ich weiß nicht, ob dies normal ist. Ich bin froh, dass du jetzt da bist.“ Ernestine sah die Ältere etwas unsicher an. Die begann den unförmig aufgetriebenen Bauch der Kuh abzutasten und verzog sorgenvoll das Gesicht.

„Das Kalb liegt verkehrt, es hat eine Hinterendlage.“

Sie verschwand, ohne Ernestine weiter zu beachten und kam nach einiger Zeit mit einem irdenen Hafen voll Schmalz zurück, rieb ihre rechte Hand großzügig damit ein und versuchte vorsichtig die jetzt handtellergroße Öffnung zu erweitern, was aber nur ein erneutes gepeinigtes Brüllen zur Folge hatte und ihr das Schwanzende peitschend übers Gesicht fuhr. Entmutigt sah Kreszenz Ernestine an. „Wenn sich da in den nächsten Stunden nichts ändert, dann …“, sie brach mitten im Satz ab.

Ängstlich blickte Ernestine auf. „Was dann?“

„Das Kalb kommt rückwärts raus und wenn die Nabelschnur reißt, verblutet die Kuh und das Kalb erstickt im Fruchtwasser. Dann muss sie notgeschlachtet werden. Vielleicht kann man das Kalb vorher noch lebend rausholen.“

Entsetzt sah Ernestine sie an. „Wer soll das tun? Paul ist noch nicht da!“

„Paul …“ Kreszenz verzog das Gesicht zu einer resignierten Miene.

Achselzuckend wandte sie sich erneut der Kuh zu. „Paul ist dabei am allerwenigsten zu gebrauchen.“

„Du musst Hilfe holen. Lauf zum Schneiderbauern und er soll auch seine zwei Söhne mitbringen. Wir benötigen jede Hand.“

Ernestine streifte ihre Holzschuhe von den Füßen und lief mit hämmerndem Herzen los.

Inzwischen hatte sich bereits die Dämmerung über das Land gesenkt, den Waldrand in dunkle Schatten tauchend. Für einen kurzen Augenblick überfiel sie namenlose Angst, glaubte graue flüchtende Schemen zu erspähen. Schalt sich im nächsten Moment als dumme Gans und rannte erneut los. Es war nicht allzu weit bis zu dem nachbarlichen

Gehöft, aber in dieser immer stärker werdenden Dunkelheit erschien ihr heute der Weg endlos.

Endlich erreichte sie das Hoftor. Hinter einem der kleinen Fensterhöhlen flackerte ein Lichtschein tröstlich. Gott sei Dank, es war jemand daheim.

„Ich bin es, die Jògowerlbäuerin. Wir brauchen Hilfe beim Kalben!"

Ernestine hatte bei diesen Worten die Stubentür aufgestoßen und betrat dieselbe. Im ersten Moment konnte sie in dem Durcheinander fast nichts erkennen.

„Ist hier jemand?" Ein Huhn gackerte im hinteren Tischwinkel in seiner nächtlichen Ruhe gestört, protestierend auf.

Plötzlich tapsende Schritte. „Wer schreit da so herum?"

Ein verrunzeltes Gesicht unter einem fleckigen Kopftuch schob sich in Ernestines Blickfeld. Es war das alte Ahnl vom Schneiderbauern, halbblind und fast taub.

„Wo ist der Bauer? Wir brauchen Hilfe beim Kalben!"

„Häh?" Verständnislos starrte diese sie mit zusammengekniffenen Augen an. Dann aber überzog der Schein des Erkennens ihre faltigen Züge.

„Du bist die Junge, die sich der Paul aus Böhmen geholt hat. Ja, ja die Mannsbilder, wenn sie ein sauberes Gesicht sehen, dann …" Ernestine packte sie ungeduldig am ausgefransten Ärmel ihrer Bluse.

„Wo ist der Bauer, wir brauchen ihn dringend!"

Blinzelnd sah die Greisin zu ihr auf. „Sie sind alle auf der Hochzeit vom Loisl, mich haben sie nicht mitgenommen, mich können sie nicht brauchen."

„Wann kommen sie zurück?"

Die Alte zuckte mit den Schultern: „Kann lang werden, sie sind gleich nach der Stallarbeit weg, schließlich gibt es etwas Gutes zum Essen."

„Mich haben sie daheim gelassen, können mich nicht brauchen", greinte sie erneut. Ernestine wäre am liebsten in Tränen ausgebrochen.

„Sag ihnen, wir brauchen sie aber dringend, hörst du?"

„Ja, ja, mich können sie nicht brauchen!“ Mit schlurfenden Schritten strebte sie wieder in ihr dunkles Eck, Ernestine ratlos zurücklassend.

Als sie erneut die Stalltüre mit gemischten Gefühlen aufzog; für den Rückweg hatte sie sich etwas länger Zeit gelassen, sah Kreszenz hoffnungsvoll auf, um aber nach Ernestines Ausführungen mutlos den Kopf zu senken. Noch nie hatte Ernestine sie so niedergeschlagen erlebt.

„Wenn wir wenigstens das Kalb retten könnten.“

Seufzend erhob sich Kreszenz aus ihrer gebückten Haltung. Die Kuh lag inzwischen auf der Seite, hatte die Augen verdreht und das Weiße darin schimmerte wie blankpolierte Kiesel im Halbdunkel des Stalles. Die Zunge hing seitlich aus dem halbgeöffneten Maul und das vormals laute Muhen hatte sich in qualvolles Stöhnen gewandelt, in immer kürzer werdenden Abständen aussetzend.

„Sie verreckt elendiglich!“ Tränen liefen über das Gesicht von Kreszenz, milderten ihre strengen Züge auf geheimnisvolle Weise.

„Ich geh zu Jakob! Es muss doch irgendetwas geben, was wir tun können!“

Ernestine erklomm mit einer angezündeten Wetterkerze, die nur in Notfällen bei sehr schweren Gewittern angezündet wurde, die schmale Stiege zu dessen Kammer.

Dies ist heute ein Notfall, dachte sie verzagt. Es war nur ein winziger Strohhalm, an den sie sich verzweifelt klammerte, Jakob, der mehr tot als lebendig im Bett lag und vor sich dahindämmerte, könne ihr helfen.

Sie versuchte ihm mit deutlichen Worten die Sachlage zu erläutern. Erst starrte er sie verständnislos an, dann aber überzog Verstehen seine gesunde linke Hälfte.

„Du … mmmu …“ Sanft beugte sie sich über ihn.

„Ganz ruhig, was muss ich?“

Seine Augen quollen fast aus den Höhlen, so sehr versuchte er sich anzustrengen die Worte einigermaßen zu artikulieren.

Beruhigend strich ihm Ernestine über seine Linke.

„Lass dir nur Zeit!“

Wenn wir auch nicht mehr viel Zeit haben, dachte sie schaudernd. Sie beugte sich tief über ihn, mit der Kerze seine Lippen beleuchtend.

Erneut formte sich sein Mund mühsam, jede Silbe einzeln hervorstoßend.

Entsetzt fuhr sie zurück.

„Das kann nicht dein Ernst sein!“ Aber mit einer Kraft, die sie überraschte, nahm er ihre Hand und führte diese in einer unmissverständlichen Geste an sein Stirn, genau zwischen die Augen.

Ernestine wankte halb benommen in den Stall zurück, deren warme Ausdünstung der übrigen Kühe sie zu der irrigen Annahme verleitete, alles wäre inzwischen in Ordnung und das was Jakob von ihr verlangte, bräuchte nie geschehen, wäre nur ein böser Traum.

Aber als sie Kreszenz als zusammengesunkenes Häufchen Elend neben der halbtoten Kuh sitzen sah, wurde ihr klar, das dies kein Traum war und dass es daraus auch kein Erwachen gab.

So straffte sie ihre Schultern und sah Kreszenz festen Blickes an.

Es war Zeit zu handeln. Was getan werden musste, musste eben getan werden!

Paul war immer noch nicht da!

Schweren Herzens wandte sie sich der Tenne zu. Gut, dass Paul so Ordnung hielt, so hatte sie auf Anhieb gefunden, was sie brauchte.

Der Griff der schweren Holzaxt lag kühl und glatt zwischen ihren klammen Fingern. Eine flüchtige Erinnerung tauchte vor ihren Augen auf, wie sie wutentbrannt auf die Scheiter eindrosch. Mein Gott, wie lange lag das zurück. Es kam ihr fast wie ein halbes Leben vor, dabei war noch nicht einmal ein Jahr vergangen.

„Wir brauchen ein scharfes Messer!“

Erschreckt fuhr Kreszenz auf, sah erst verständnislos auf das Werkzeug in ihren Händen, kam aber dann eilends mit einer scharfen langen Klinge zurück, dem Gansstecher!

Von der Kuh war nur noch ein leises Röcheln zu vernehmen, Eile war nun geboten!

Mit einem tiefen Atemzug hob Ernestine die Axt hoch über ihren Kopf …

Sie hatten das Kalb aus dem noch warmen Leib seiner toten Mutter geholt. Es war schwach, aber es lebte!

Ernestine rieb es mit Stroh trocken, das Blut und die herausgequollenen Gedärme, die den Boden ringsum bedeckten, einfach ignorierend. Wenn sie nicht hinsah, war es nicht geschehen, so einfach war dies, so einfach!

Leise summend rieb sie das braun gescheckte Fell ununterbrochen. Alles war gut, alles war gut …

Kreszenz hielt ihr mit einer bittenden Geste die offene Handfläche entgegen.

„Ich war oft ungerecht zu dir, verzeih mir, wenn du kannst. Du bist wirklich die neue Jògowerlbäuerin!"

Ernestine sah sie überrascht an und legte schließlich zögernd ihre Hand in die abgearbeitete der um soviel Älteren.

Draußen rumpelte es gegen die Stalltüre, wurden Stimmen laut.

Die Nachbarn waren gekommen um zu helfen! Zu spät!

Abrupt stand Ernestine auf, um ihnen entgegenzugehen.

Der Schmerz kam unvermittelt, schoss wie eine glühende Lanze durch ihren Unterleib – riss sie in zwei Hälften …

… Benommen versuchte Ernestine ihre Augen zu öffnen.

Sie hatte furchtbare Alpträume gehabt; von fliehenden grauen Schatten, brüllenden Kühen, die sich dicht gedrängt um sie scharten und sie mit blutunterlaufenen Augen anklagend anstarrten. Von ekligem Gewürm, das sich zu ihren Füßen schlängelte.

Mit einer müden Geste strich sie sich die schweißnassen Haare aus der Stirn. Warum lag sie eigentlich im Bett? Um diese Uhrzeit müsste sie doch längst bei der Stallarbeit sein.

War sie krank?

In dem diffusen Zwielicht der Morgendämmerung konnte sie die schwachen Umrisse einer Gestalt, die an ihrem Bett saß, erkennen.

War das Paul, der neben ihr auf einen Schemel in sich zusammengesunken bewegungslos saß? Warum sagte er keinen Ton? Sie begriff, dass er schlief. Im Sitzen?

Warum lag er nicht bei ihr im Bett?

War sie doch krank ?

Mühsam versuchte sie sich zu erinnern.

Sie fühlte sich so ausgehöhlt, so unendlich leer. Als sie versuchte, sich vorsichtig aufzusetzen, begann sich ihr Unterleib schmerzhaft zusammenzuziehen und mit einen Schlag setzte die Erinnerung ein.

Die trächtige Kuh – das Kalb, das viele Blut. Der Schmerz in ihrem Leib und dann nur noch Dunkelheit!

Hoffentlich war dem Kind nichts geschehen. Vorsichtig betastete sie mit der Rechten ihren Bauch – aber da war nichts, nur mehr eine eingefallene Höhlung. Kein noch so zartes Flattern, wie von Schmetterlingsflügeln die sie unmerklich streiften, kein noch so leichtes Pochen. Nichts! Sie war hohl und leer!

Neben ihr rührte sich Paul, beugte sich über sie. Sein kalkweißes Gesicht war ein heller Lichtfleck in der Düsterkeit der Kammer.

Er räusperte sich, griff vorsichtig nach ihrer Hand.

„Es tut mir so leid, unser Kind“, … er verstummte, sichtlich erschüttert.

Ernestine löste ihre Finger aus den seinen, legte sie behutsam auf die ihren Unterleib wie beschützende Rechte.

„Nie bist du da, wenn ich dich brauche!“

Mit ausdruckslosem Blick sah sie an ihm vorbei, schien in überhaupt nicht wahrzunehmen.

„Nie bist du da, wenn ich dich wirklich brauche!", wiederholte sie erneut und ihre Stimme klang hart wie zersprungenes Glas.

„Von nun an brauche ich dich nicht mehr!" Sie wandte den Kopf zur Wand und schloss erschöpft die Augen.

Erst als sie hörte, wie Paul die knarrenden Holzstufen hinabstolperte, kamen die erlösenden Tränen.

Etwas beschädigt
notdürftig ausgebessert
doch fest verankert
zwischen uns
spinne die Fäden der Zeit
neu
den Nornen zum Trotz.
– Altweibersommer –

Flugsommer

Der Obstgarten lag im fahlen Licht der aufgehenden Sonne wie ein Stück verwunschener Garten Eden vor Ernestine. Sie wollte eigentlich nur Wasser vom Brunnen holen, blieb aber wie verzaubert stehen.

Überall an den Zweigen der Johannisbeerstauden und der schon abgestorbenen braunen Herbstblumen hingen die durchsichtigen Fadengespinste, gesäumt mit funkelnden Tautropfen, die im aufgehenden Sonnenlicht Diamanten gleich glitzerten.

Wenn es sich nach sonnigen Herbsttagen in den klaren Nächten stark abkühlt, so sind in den frühen Morgenstunden durch den Tau, die Spinnweben der kleinen Flugspinne deutlich zu erkennen. Die Fäden, auch Herbstfäden genannt, glänzen im Sonnenlicht wie lange silbergraue Haare. Früher, so erzählten es längst vergangene Sagen, hatten alte Frauen diese beim Kämmen verloren und dies sei das Wirken der „Nornen", der weisen Schicksalsgöttinnen. Diejenigen, die die Lebensfäden der Menschen in ihren Händen hielten.

Behutsam berührte Ernestine eines dieser zauberhaften Gebilde, das sich aber im Nu in Nichts auflöste. Zurück blieb nur ein klebriger Film an ihren Fingern haften.

Nichts ist von Dauer. Das Atmen fiel ihr plötzlich schwer. Immer noch fühlte sie die grenzenlose Leere in sich. Sie hatte sich erstaunlicherweise schnell wieder erholt, war nach außen hin so gut wie neu. Innerlich aber war etwas zu Bruch gegangen. Nein, nicht ganz. Eigentlich war es ein tiefer Riss zwischen ihr und Paul.

Er schlief von dem Tag an, seit sie ihn so unmissverständlich wegschickte, in der windigen Kammer neben dem Stall, in der Ernestine bei ihrer Ankunft untergebracht war und ihre Nächte waren endlos und kühl in dem einsamen Bett.

Trotzdem war sie froh darüber. Sie hätte es nicht ertragen, ihn neben sich zu wissen, seinem Atem zu lauschen oder gar seine forschenden Hände auf ihrem Leib zu spüren. Bei Tag ging jeder seiner Arbeit nach. Sie besprachen nur das Allernötigste, was den Hof betraf miteinander, ansonsten gingen sie sich nach Möglichkeit aus dem Weg.

Paul sah aus wie das personifizierte schlechte Gewissen. Seine Gesichtszüge hatten alles Weiche, Unfertige verloren, waren hager und kantig geworden. Sein ehemals fein geschwungener Mund, der sie früher so anrührte, zu einem schmalen Strich verkümmert und seine sanften graublauen Augen glichen einem trüben Tümpel.

Sie sah wohl den Schmerz, der ihn jeden Tag ein bisschen mehr die Schultern senken ließ, aber es bekümmerte sie nicht sonderlich.

Sollte er leiden – sie litt auch!

Heute war er wie jeden Sonntag, als Hausierer unterwegs, mit seinen Bändern und Borten, den handgearbeiteten Spitzen und sonstigem Zeug. Nur Papierblumen hatte er nie mehr dabei. Ernestine weigerte sich strikt welche anzufertigen. Sie hatte die restlichen Bestandteile in der alten wurmstichigen Truhe, die im hintersten Winkel ihrer ehelichen Kammer stand und unter anderem auch ihren vertrockneten Brautkranz enthielt, zuunterst verstaut und dort würden sie auch bleiben.

Wenn es nach ihr ging – bis zum Sankt Nimmerleinstag.

Wobei es ihr mittlerweile schwerfiel, an den Sonntagnachmittagen, wenn die übrige Arbeit getan war, untätig herumzusitzen. So hatte sie es sich angewöhnt, lange Spaziergänge auf den Spitzenberg zu machen. Immer einen Korb dabei, um etwaige Maronen, die mit ihren samtbraunen Kappen die Lichtungen säumten oder einen Schwung Tannenzapfen mit nach Hause zu bringen.

So auch heute an diesem wunderschönen Herbsttag, der mit seiner fast sommerlichen Temperatur einem Altweibersommertag glich – auch Flugsommer genannt.

Kreszenz war schon nach der Kirche zur Gruberbäuerin aufgebrochen. Die lag im Kindsbett und konnte etwas nachbarliche Hilfe gut brauchen, schließlich war es bereits das Vierte innerhalb von ein paar Jahren.

Eigentlich wäre Ernestine als Jògowerlbäuerin dazu verpflichtet gewesen, aber um nichts in der Welt wollte sie sich das Kindergeschrei von Neugeborenen anhören. Wenn sie nur daran dachte, verkrampfte sich ihr ganzes Innerstes.

Die Kühe waren gefüttert, Jakob der in seinem Bett vor sich hindämmerte – versorgt.

Wehmütig nahm sie ihr gutes Umschlagtuch aus dem Kasten, wusste eigentlich gar nicht so recht warum. Vielleicht weil es sie an glücklichere Tage erinnerte.

Ließ zum Trotz an frühere Zeiten die ungeliebten Holzschuhe im Vorhaus stehen, nahm den großen Henkelkorb aus der Scheune und drückte die kleine Hintertür ins Schloss, den hölzernen Riegel, der an der Seite angebracht war, vorsorglich offen lassend.

Aufatmend blieb sie für einen Moment im Schatten der Hauswand stehen.

Ringsum, so weit sie blicken konnte, erstrahlte der herbstliche Mischwald in sämtlichen Gold- und Rottönen um die Wette. Der Himmel zeigte sich in diesem tiefen satten Blau, das sonst nur den Altweibersonnentagen zu eigen war und die Konturen der entfernten Hügel in scharfen Umrissen zeichnete. Es war schon Mitte Oktober, aber die Schönwetterlage hielt unvermindert an, so als wolle sich die Natur mit aller Kraft gegen den Verfall stemmen. Das Wetter würde vielleicht noch einige Tage so bleiben, sich dann aber endgültig verabschieden und in novemberliche Nässe, Kälte und Düsterkeit verwandeln. Ernestine graute davor.

Wie sollte sie dies aushalten?

Die endlosen Winterstunden, zusammengepfercht in der Stube, die als einzige im ganzen Haus so einigermaßen warm wurde. Mit Paul als stummen Tischgenossen, der geflissentlich an ihr vorbei sah. Mit Kreszenz, die sie von vorne bis hinten bemutterte.

Ja! Mit Kreszenz hatte sich sozusagen über Nacht eine wunderbare Wandlung vollzogen. Sie, die ihr vorher nur Abneigung entgegenbrachte, war von Stund an, als sie das halbtote Kalb aus dem Mutterleib holte, wie ausgewechselt.

Sie hatte Ernestine gewaschen und gefüttert, als diese die nächsten zwei Tage wie leblos in ihrem Bett lag, unfähig sich zu erheben, obwohl sie körperlich durchaus dazu in der Lage gewesen wäre.

Aber die Ereignisse der dramatischen Stunden im Kuhstall stürzten mit unverminderter Heftigkeit pausenlos auf sie ein. Es war als ob ein Film endlos abgespielt wurde. Kaum befand sich das Kalb sicher und trocken in ihren Händen, begann die Szene wieder von vorne und sie sah sich selbst, als unbeteiligte Zuschauerin, erneut mit der erhobenen Axt vor den ergeben dreinblickenden Augen der Gescheckten stehen.

Bis der Schmerz sie überwältigte.

Von da an war nur noch Dunkelheit. Kreszenz klärte sie nie darüber auf, wie sie in ihr Bett gelangt, und wann Paul endlich zurückgekommen war. Ernestine wagte nie danach zu fragen.

Es spielte keine Rolle mehr.

Sie nahm die Bemühungen von Kreszenz hin, so wie sie alles andere in den vergangenen Wochen hinnahm. Mit gleichmütiger Miene bar jeden Gefühls, im Unklaren ob sie überhaupt jemals wieder etwas empfinden konnte.

Nach einigen Schritten erreichte sie den Waldrand mit seinen im Sonnenlicht golden schimmernden Gräsern und Sträuchern. Langsam stieg sie bergauf. Der lichte Mischwald mit dem fehlenden Unterholz wirkte seltsam beruhigend auf ihr Gemüt.

Von Maronen oder sonstigen Pilzen war allerdings weit und breit nichts in Sicht.

Langsam bereute sie den unhandlichen Korb überhaupt mitgenommen zu haben, so hing sie ihn kurzentschlossen an ein großes auffälliges Wurzelgeflecht, dessen halbvermoderte Oberfläche von sattem dunkelgrünen Moos überwuchert wurde. Seitlich davon wuchsen Unmengen von blassgelben langstieligen Pilzen, aber da sie nicht wusste, ob sie essbar waren, ließ sie diese lieber stehen. Paul hätte es gewusst! Schmerzhaft wurde ihr klar, dass sie ihn nicht unbefangen so wie früher danach fragen konnte. Nichts war mehr so wie es einmal war.

Das Verhalten von Kreszenz ihr gegenüber löste noch immer etwas misstrauische Zurückhaltung in ihr aus, aber sie musste sich ehrlicherweise eingestehen, dass sie ihr wahrscheinlich damit Unrecht tat.

„Du bist wirklich die neue Jògowerlbäuerin!"

Dieser Satz hallte noch immer in ihr nach und glättete viele Unebenheiten und Risse der Vergangenheit. Sie empfand zwar für Kreszenz nach wie vor nicht allzu viel Zuneigung, aber die Bitterkeit und der verletzte Stolz waren in den vergangenen Wochen immer weiter in den Hintergrund getreten, bis sie ab und zu nur noch als unliebsame Randerscheinung auftraten.

Eigentlich sollte Ernestine zufrieden sein.

Es ließ sich gut leben auf dem Jògowerlhof.

Der Sommer war ohne heftige Sommergewitter, oder den gefürchteten alles vernichtenden Hagelschlägen, vorübergegangen. Das Getreide war ertragreich abgeerntet und das duftende Heu füllte die Scheune bis unter den Dachfirst.

Die besten Fleischstücke von der erschlagenen Kuh waren am nächsten Tag zwar zu einem Spottpreis an den Metzger verkauft worden, aber das Kälbchen – ein großes Stierkalb lebte. Es war in den vergangenen Wochen bereits ein ganzes Stück gewachsen und Ernestine kümmerte sich fürsorglich darum. Es würde später beim Verkauf gutes Geld bringen und somit den Verlust der Gescheckten etwas ausgleichen.

Nur wie sie mit Paul umgehen sollte, wusste sie nach wie vor nicht.

Wenn er dagewesen wäre, wenn …

Es war müßig darüber nachzudenken. Wahrscheinlich hätte es nichts geändert, denn allem Unangenehmen ging er einfach aus dem Weg. Verschwand und tauchte erst wieder auf, wenn es fast zu spät war.

Vielleicht ist es auch für uns zu spät um wieder zueinander zu finden.

Wehmütig blieb Ernestine stehen.

Erst jetzt bemerkte sie, dass sie sich auf einer kleinen Lichtung befand. Die Sonne stand schon etwas schräg und ihre verhaltenen Strahlen zauberten ständig wechselnde Schattenspiele auf den mit

Moos bewachsenen Waldboden, der von fedrigen Grasbüscheln, kleinen grünen Inseln ähnlich, durchzogen war.

Es herrschte eine eigenartige feierliche Stille, die nur von dem Flöten eines einzigen Vogels durchdrungen wurde. Die fünf immer wiederkehrenden Töne hatten etwas ungemein Beruhigendes, Friedvolles. Sonst herrschte absolute Lautlosigkeit, sogar die sattgelben Blätter von den Buchen ringsherum sanken geräuschlos zu Boden, Nährstoff für kommende Generationen.

Ernestine ließ sich auf das sonnengetränkte Polster nieder, barg ihr Gesicht in dem duftenden Gras. Langsam, fast unmerklich begann die friedliche Stimmung auf sie zu wirken und sie spürte, wie sich mit ihren Tränen all die Verhärtungen und Verkrustungen der letzten Monate, ja der letzten einundzwanzig Jahre lösten, auflösten, und schließlich in der alles verstehenden Mutter Erde versickerten.

Eine Fülle von Bildern zog an ihrem inneren Auge vorbei.

Sie, die ständig sehnsüchtig nach Westen blickte.

Der verwunschene Morgen in Planie, als alles ringsherum von den Gespinsten der Baldachspinnen überzogen war, und sie Paul verstohlen dabei beobachtete, wie er sich eines davon um die Finger wickelte.

Die Waldelfen legen die Schleier über Nacht auf die Gräser, so hatte ihre „Ahnl"[42] immer erzählt, und das man sich dabei etwas wünschen könnte, aber man sollte vorsichtig mit den Wünschen umgehen!

Sie hatte von ihm unbemerkt eines der zauberhaften Gebilde berührt und sich nichts sehnlicher gewünscht, als mit ihm fortzugehen.

Ihr Wunsch hatte sich erfüllt, aber zu welchem Preis?

Der lange beschwerliche Weg mit den Gänsen von Böhmen nach Bayern. Die Ablehnung von Kreszenz, die traumatischen Ereignisse im Kuhstall und letztendlich der Verlust ihres ungeborenen Kindes.

Unwillkürlich tauchten auch andere Bilder auf.

Paul, der sie bewundernd mit Blicken verschlang, sein Lächeln und seine behutsamen Hände. Ihr Trotz und ihre Widerspenstigkeit, dazu

42 Ahnl oder Ahndl = Großmutter, kommt von Ahne, Ahnfrau.

die unberechtigten Wutausbrüche, die alle ihren Ursprung in ihrer eigenen Unsicherheit und Verletztheit hatten.

Mit einem Schlag wurde ihr klar, dass sie ebenso schuldig war wie Paul, wenn nicht mehr.

Niemand hatte sie wirklich dazu gezwungen das Unfassbare zu tun und selbst Hand an die Kuh zu legen. Keiner hätte ihr daraus einen Vorwurf gemacht, es nicht zu tun, am allerwenigsten Paul.

Aber sie wollte wie immer in ihrem bisherigen Leben – stark sein. Nur ja keine Schwäche zeigen, auch wenn die Knie zitterten. Sie war schuld, dass sie das Kind verlor – sie ganz allein.

Langsam erhob sich Ernestine mit steifen Gliedern aus ihrer Versunkenheit.

Neue Kraft erfüllte sie von innen. Sie würde mit Paul reden. Ihm deutlich machen, dass seine Schuld, gemessen an der ihrigen die viel kleinere war.

Sie brauchte ihn, brauchte ihn so dringend wie die Luft zum Atmen.

Liebe? Ja vielleicht liebte sie ihn sogar. Darüber wollte sie jetzt nicht nachdenken. Vielleicht später, wenn alles zwischen ihnen wieder in Ordnung war.

Mit einem befreienden Lächeln wischte sie sich die letzte Nässe aus den Augenwinkeln, drehte sich übermütig im Kreis, begann loszulaufen, Paul entgegen – und trat mit dem rechten Fuß ins Bodenlose …

„Ernestine ist verschwunden!"

Eine völlig aufgelöste Kreszenz fing Paul schon am oberen Gartenzaun ab.

Müde ließ Paul die Riemen seiner Buglkòr von den Schultern gleiten.

Er war den ganzen Tag unterwegs gewesen, hatte bis nach Klafferstrass sämtliche Höfe und Einödkaten aufgesucht, aber so gut wie nichts verkauft. Seit Ernestine keine Papierblumen mehr anfertigte, ständig wurde er deswegen gefragt, war mit dem restlichen Zeug nicht viel zu verdienen, genau genommen so gut wie gar nichts. Borten, Bänder und Knöpfe boten schließlich auch andere Hausierer an.

„Wie verschwunden?"

Ungläubig musterte Paul seine Mutter, die händeringend vor ihm stand.

Ihr Gesicht war mittlerweile von tiefen Falten durchzogen, aber da die ständig verkniffene Miene, die sie früher stets wie ein Schutzschild vor sich her trug, verschwunden und einem milderen Zug gewichen war, sah sie eigenartigerweise trotzdem jünger aus, als vor einigen Jahren.

Die Wandlung im Verhalten seiner Mutter Ernestine gegenüber war ihm immer noch ein Rätsel und flößte ihm sogar etwas Unbehagen ein. Wer wusste schon, was sie damit wieder im Schilde führte? So ganz traute er dem Frieden nicht, nur allzu gut waren ihm die hässlichen Szenen noch im Gedächtnis.

Aber momentan kommt sie mit Ernestine besser aus als je zuvor und ich umso schlechter. Er wusste nicht, wie er die verfahrene Situation zwischen ihnen wieder bereinigen konnte. Alles Bemühen seinerseits wurde im Keim erstickt. Sie weigerte sich einfach schlicht mit ihm zu reden. Wobei er gar nicht recht wusste, was sie ihm eigentlich vorwarf.

Gut, er war nicht da!

Schlimm! Aber noch schlimmer, wäre er bei diesem unglückseligen Ereignis wirklich dabei gewesen.

Er hätte gar nichts tun können.

Wahrscheinlich wäre er Hals über Kopf davongerannt, wie schon so viele Male zuvor.

Doch sie war stark, viel stärker als er.

Er hatte sie heimlich beobachtet, als sie im Glauben unbemerkt zu sein, die vier neugeborenen Kätzchen mit sicherer Hand an die Stallwand schmetterte. Auf Veranlassung von Kreszenz, zugegebenermaßen. Aber welche Frau konnte dies schon so gleichmütig tun?

Entsetzt war er davon gestürmt und drei volle Tage, beziehungsweise Nächte, war er nicht in der Lage, sie anzurühren. Lag starr und bewegungslos neben ihr, stellte sich schlafend, unfähig ihre Hände zu ertragen die den Tod über alles brachte, ob es Gänse, Hühner und nun auch noch Katzen waren. Dabei war er im Grunde seines Herzens froh, diese Bürde nicht selbst tragen zu müssen.

Früher war es immer Jakob, der ohne mit der Wimper zu zucken, dergleichen erledigte. Aber seit er in seinem Stübchen mehr tot als lebendig vor sich hindämmerte, war es eigentlich Pauls Aufgabe, sich um all diese unangenehmen wenn auch notwendigen Dinge, die nun einmal auf einen Bauernhof so anfielen, zu kümmern. Aber er konnte es nicht, würde es wahrscheinlich nie können. Wozu also Ernestine insgeheim Vorwürfe machen? Sie glich nur seine Schwäche aus. Aber je mehr Stärke sie zeigte, umso schwächer fühlte er sich, so als würde er sich eines schönen Tages einfach verflüchtigen, buchstäblich in Luft auflösen.

Als die Sache mit der Kuh passierte konnte er erst nicht glauben, dass Ernestine dies allein bewältigte.

Entsetzt hörte er von Kreszenz die Einzelheiten und hinterher war ihm speiübel.

Er war Gott sei Dank erst zurückgekommen, als die Nachbarn schon das Gröbste an Blut und sonstigem Unrat entfernt hatten. Er las die unverhohlende Bewunderung in ihren Augen und der Reiter-Hias meinte sogar, mit solch einer Reschen[43] an der Seite würde man auch schwierige Zeiten überstehen. Solch eine könne er auch brauchen, die Seine würde dazu nicht imstande sein, was Paul nur allzu gut nachvollziehen konnte. Aber er schwieg und ließ die anerkennenden Worte, die nicht ihm sondern Ernestine galten, wie lauen Regen über sich ergehen.

Als ihm Kreszenz mitteilte, dass sein Kind das ganze Drama nicht überlebt hatte und Ernestine halbtot in der Kammer lag, war er erst vor Angst, sie auch noch zu verlieren fast um den Verstand gekommen, aber ihre Gleichgültigkeit und Härte ihm gegenüber bestürzten ihn und machten ihn völlig sprachlos.

---

43 Energische

Was ihre Gefühle ihm gegenüber betraf, so war er sich darüber nie im Klaren.

Manchmal glaubte er so etwas wie Liebe in ihren unergründlich schönen Augen zu entdecken, aber bei genauerem Hinsehen verwandelte sich ihr Blick in Sekundenschnelle meist zu einem spöttischen Funkeln.

Paul musterte seine Mutter erneut.

„Wo soll sie denn schon sein, vielleicht …?“ Unsicher ließ er seinen Blick über den angrenzenden Waldsaum gleiten.

„Ich hab das ganze Haus abgesucht und für das Kalb ist bald Fütterungszeit. Du weißt doch, wie fürsorglich sie sich darum kümmert. Das hat sie noch nie versäumt.“ Erschöpft schob sich Kreszenz mit einer fahrigen Bewegung eine graue Haarsträhne unters verblichene Kopftuch.

Nachdenklich runzelte Paul die Stirn. Es stimmte, die Fütterungszeit hatte Ernestine noch nie versäumt und manchmal war sie sogar oft eine halbe Stunde früher im Stall.

„Mich würde es nicht wundern, wenn sie für immer weggegangen wäre, so wie du sie in der letzten Zeit behandelst!“ Kreszenz Stimme bekam einen stählernen Klang, hatte etwas von der früheren Unnachgiebigkeit an sich.

Paul zuckte erschreckt zusammen. Weg – Ernestine weg! Er weigerte sich vehement den Gedanken auch nur zu Ende zu denken.

„Die Arbeitsschürze hängt neben der Tür im Vorhaus und ihre Holzschuhe stehen fein säuberlich daneben.“

Ihm war, als griffe eine eiskalte Hand nach seinem Herzen. Sie war weg, war einfach so gegangen! Mutlos nahm er seinen fast noch gefüllten Tragkorb auf.

„Du musst sie suchen, du kannst sie doch nicht einfach so gehen lassen!“

Der Ton von Kreszenz bekam etwas drängendes, weinerliches.

„Seit wann kümmert es dich, du hast sie doch sowieso von Anfang an nicht leiden können.“ Grob drängte Paul seine Mutter beiseite.

„Ich hab mit Ernestine meinen Frieden gemacht, im Gegensatz zu dir“, ertönte es grimmig hinter seinem Rücken.

„Du bist derjenige, der sie mit allem allein lässt, der sie zwingt Dinge zu tun, die eigentlich Männersache sind. Wann begreifst du endlich, dass deine Bubenschwüre die du vor über zwanzig Jahren gemacht hast, der Vergangenheit angehören. Du bist jetzt ein ausgewachsenes Mannsbild und der Bauer, also benimm dich in Zukunft auch dementsprechend. Du bist kein kleiner Bub mehr, der vor allem davonlaufen kann.“

Erschöpft sank Kreszenz auf die verwitterte Bank neben der Haustür.

Fassungslos starrte Paul seine Mutter an.

„Ich hab genug in deinen Fieberträumen mitbekommen. Von der Ente, die du erwürgt hast, bis zu deinem Schwur, niemals mehr zu töten. Aber ich hab dies nicht ernst genommen und später vergessen. Als du erwachsen warst und jedes Mal verschwunden bist, wenn es zum Schlachten war, hab ich mir meinen Teil dabei gedacht und geschwiegen. Früher spielte es keine so besonders große Rolle. Es waren ja genügend Leute da. Jakob, Josef, Theres und ich. Aber nun sind nur noch Ernestine und du diejenigen, die den Hof weiterführen. Ernestine ist stark genug dazu, aber sie braucht deine Hilfe. Werd endlich erwachsen! Lass das Umherwandern und Hausieren, es bringt ja sowieso nichts ein.“

Inzwischen rannen Kreszenz ungehindert die Tränen übers Gesicht.

Paul hatte seine Mutter noch niemals weinen sehen.

„Ich werd sie suchen und wenn ich nochmals bis nach Böhmen gehen muss!“

Erleichtert folgte ihm Kreszenz in die Stube.

Rasch erklomm Paul die Stiege nach oben, blieb zögernd vor ihrer früheren Schlafkammertür stehen. Seit der unglückseligen Nacht hatte er sie nie mehr betreten.

Nur einen winzigen Blick hineinwerfen. Ein leiser Hoffnungsschimmer durchfuhr ihn, sie wäre doch da. Behutsam öffnete er die klobige

Tür. Sie quietschte etwas in den Angeln. Müsste geölt werden, dachte er automatisch.

Die Kammer war aufgeräumt, unbewohnt.

Abgrundtiefe Enttäuschung wallte in ihm auf, drohte ihn schier zu überwältigen.

Sie war wirklich gegangen. Was hatte er eigentlich gehofft? Dass sie auf der Bettkante saß und ihn lächelnd zu sich winkte, so wie am Anfang ihrer Ehe.

Mit einem Ruck schloss er die Tür, um sie sofort wieder zu öffnen.

Unter dem Bett standen wohl geordnet Ernestines Schnürschuhe, die er ihr zur Hochzeit extra anfertigen ließ.

Zweimal hatte er den weiten Weg zum Schuster nach Waldkirchen zurückgelegt. Zweimal mit beglücktem Herzen, immer in Gedanken an Ernestines überraschten Blick, wenn sie die langersehnten Schuhe sah. Und so war es auch. Sie war ihm um den Hals gefallen und er wusste mit Bestimmtheit, jeder mühsamer Schritt hatte sich für das freudige Strahlen ihrer Augen gelohnt.

Nie, nie würde Ernestine ohne ihre geliebten Schuhe gehen.

Als Ernestine wieder zu sich kam, war ihr im ersten Moment nicht ganz klar, wo sie sich eigentlich befand. Ihr Kopf dröhnte und summte, als hätte sich ein ganzer Hornissenschwarm darin eingenistet.

Wahrscheinlich war sie bei ihrem Sturz mit der Schläfe gegen etwas Hartes geprallt. Außerdem steckte sie bis zu den Achselhöhlen unter der Erde. Der rechte Fuß fühlte sich seltsam taub an und als sie versuchte ihn vorsichtig zu bewegen, schoss ihr der Schmerz schlagartig wie eine weißglühende Flamme bis unter die Kopfhaut.

Atemlos hielt sie inne und wartete bis das Brennen langsam nachließ. Als sie sich die wirren Haare aus den Augen strich, entschlüpfte ihr ein jäher Schmerzenslaut und ihre Hände ertasteten eine anschwellende Beule samt Abschürfung, die einen blutigen Streifen an ihren tastenden Fingerspitzen hinterließ.

Anscheinend war sie in einen alten, längst aufgegebenen Dachsbau getreten und steckte nun in den maroden Gängen fest.

Sie hatte keine Ahnung, wie viel Zeit mittlerweile verstrichen war. Die Bäume ringsum hüllten sich inzwischen in diffuse Schatten und der anheimelnde Zauber der mit Moos bewachsenen Lichtung war längst verflogen. Die Dämmerung würde um diese Jahreszeit früh einsetzen.

Behutsam begann sie sich hochzustemmen, musste aber entsetzt feststellen, dass sie daraufhin noch ein Stück tiefer abrutschte. Verzweifelt stemmte sie den unverletzten linken Fuß in das lockere Erdreich und fand nach endlosen Sekunden mit den Zehenspitzen an einer Wurzel etwas Halt.

Sie war versucht laut um Hilfe zu schreien, aber wozu? Niemand hatte sie fortgehen sehen, niemand ahnte auch nur im Geringsten, in welcher misslichen Lage sie sich jetzt befand.

Sich mit aller Kraft streckend, versuchte sie mit der Linken den großen knorrigen Ast zu fassen, dessen eingetrockneter Blutfleck von ihrem heftigen Zusammenprall Zeugnis ablegte. Vor Anstrengung brach ihr der Schweiß aus allen Poren, aber so sehr sie sich auch abmühte, sie bekam ihn nur mit den Fingerspitzen zu fassen. Es war, als würde er sich mit jeder Bewegung nur noch weiter entfernen.

Mutlos starrte sie auf das modrige Blättergewirr. Ein kleiner schwarzer Käfer kroch direkt vor ihren Augen vorbei, sie verfolgte sein geschäftiges Krabbeln, bis er irgendwo unter dem Laub verschwand.

Das Tuch hatte sie beim Sturz verloren, es hing wie eine zusammengefaltete Blüte an einem kleinen Gestrüpp wilder vertrockneter Brombeeren, rechter Hand.

Bekümmert starrte sie es an, bis ihr das schimmernde Blaugrün vor den Augen verschwamm.

Wie sehr hatte sie sich gefreut, als Paul es ihr um die Schultern legte, es schien Ewigkeiten her zu sein. Sie wusste eigentlich gar nicht mehr so recht, warum sie es ausgerechnet heute umlegte, war es doch ihr kostbarstes Stück und nur dem sonntäglichen Kirchgang vorbehalten. Aber heute war ihr so weh ums Herz, so dass sie irgendetwas

Tröstliches brauchte und sei es auch nur ein Stück Stoff, das sie mit seinem bunten Blütensaum an bessere, glücklichere Tage erinnerte.

Tief aufatmend sog sie die vom herbstlichen Verfall durchdrungene Luft ein.

Sie war die Jògowerlbäuerin, allen früheren Widrigkeiten zum Trotz.

So schnell würde sie nicht aufgeben, auch wenn sie die nun immer bedrohlich länger werdenden Schatten der Bäume ängstigten.

Sie konnte doch nicht die ganze Nacht in diesem vermaledeiten Bau zubringen. Die Nächte begannen bereits empfindlich abzukühlen, bargen die ersten Fröste in sich.

Nachdenklich maß sie den Abstand zum Tuch, griff entschlossen nach einem der langen dünnen Zweige, die verstreut in Griffweite umher lagen und versuchte den Stoff von den Ranken zu lösen. Erst nach dem fünften Anlauf und fast ebenso vielen zerbrochenen Zweigen hatte sie schließlich Erfolg.

Jedes Zeitgefühl war ihr abhanden gekommen und die ziehenden Schmerzen im Fuß waren einem pochenden Hämmern gewichen.

Das Tuch war zwar jetzt ziemlich ramponiert, aber wenn sie es nicht schaffte sich irgendwie zu befreien, würde sie es kaum mehr brauchen. Sie knotete das eine Ende vorsorglich um ihr rechtes Handgelenk und warf es in hohem Bogen dem dicken Ast entgegen, dessen Seitenzweige wie dürre Finger in die Luft ragten. Der Stoff verfing sich wirklich darin und in Zeitlupentempo zog sie daran, immer darauf bedacht jede unnötige Bewegung zu vermeiden, um nicht noch weiter abzurutschen.

Das Geräusch reißendes Stoffes ließ sie innehalten. Bedauern wallte in ihr auf. Alles zerreißt und bricht auseinander. Es schien wie ein Omen ihres eigenes Schicksals zu sein. Erneut spürte sie, wie die Tränen heiß hinter ihren Lidern brannten. Es ist nur ein Tuch!

Etwas von der früheren Hartnäckigkeit wallte in ihr auf. Sie hatte so viel auf sich genommen; die Heimat Hals über Kopf verlassen, die mühsame Strecke von Böhmen her bewältigt, die Anfeindungen Kreszenz hingenommen und schließlich den Verlust ihres ungeborenen

Kindes ertragen. Hier in einem Dachsbau hoch oben im Wald festzustecken war dagegen im Grunde genommen nur ein lästiges Ungemach und sollte sie wirklich die Nacht hier verbringen müssen, nun gut, es würde sie schon nicht umbringen.

Sorgsam zog sie erneut an dem sperrigen Ast. Hoffentlich hält der Stoff! Aber er hielt, es war gute Qualität, Baumwolle mit Seide gemischt. Paul hatte sich wahrlich nicht lumpen lassen.

Endlich lag der Ast griffbereit vor ihr. Erschöpft hielt Ernestine für einen Moment inne. Die Dämmerung kroch unaufhaltsam auf sie zu. Die Lichtung war der letzte helle Fleck ringsherum. Eine tröstliche Mitte in der aufkommenden Dunkelheit.

Sie klammerte sich wie eine Ertrinkende mit beiden Händen an den Ast und schob ihn sich langsam unter die Achseln, immer darauf bedacht nicht noch weiter in den hohlen Raum unter ihr einzubrechen.

Der rechte Fuß fühlte sich mittlerweile völlig taub an. Sie verfluchte sich insgeheim dafür, ihre Holzpantinen wieder einmal stehen gelassen zu haben und wie in früheren Zeiten barfuß zu laufen. Aber sie hatte einfach darauf vergessen, Schuhe anzuziehen, wobei sie diese sowieso wahrscheinlich verloren hätte. Langsam zog sie sich unter Aufbietung aller Willenskraft ein kleines Stückchen höher.

Der Schmerz im Bein drohte ihr fast den Atem zu nehmen, aber noch gab sie nicht auf. Eine Jògowerlbäuerin gab niemals auf!

Paul war mit Riesenschritten aus dem Haus gestürmt.

Es musste ihr etwas passiert sein! Sie würde ihn nicht verlassen, gleichgültig wie groß die Schwierigkeiten und Entfremdungen in der letzten Zeit zwischen ihnen auch waren.

Wohin sollte sie auch gehen? Zurück nach Böhmen, in das armselige Leben?

Nie und nimmer. Nie mehr in ihrem Leben würde sie wieder hungern und Not erleiden wollen. Dies waren ihre eigenen Worte und ihre geheime Angst, die sie ihm in einer der früheren glücklichen Stunden eingestand und er versprach ihr hoch und heilig immer dafür zu sorgen, dass dies, soweit es nach seinen Kräften stand, nie eintraf. Der Jògowerlhof bescherte ihnen ein gutes Auskommen.

Das Vieh gedieh und die Ernten waren ertragreich, wenn man die oft beschwerliche Arbeit nicht scheute. Dies alles sollte sie so einfach aufgegeben haben, niemals!

Aber wo sie jetzt suchen?

Ratlos wanderte sein Blick forschend am Waldrand zwischen den silbrig schimmernden Buchenstämmen umher, in der vagen Hoffnung ihre vertraute Gestalt würde jeden Moment wie durch Zauberhand aus dem Schattenbereich auftauchen. Aber der Wald blieb reglos im beginnenden Dämmerlicht.

Inzwischen hatte Kreszenz Paul eingeholt. Vage deutete sie auf die steile Anhöhe.

„Sie ist fast jeden Sonntag da rauf, wenn du nicht da warst!"

Vorwurfsvoll blickte sie ihn von der Seite an und stapfte wortlos den Hang hinauf. Paul beeilte sich ihr zu folgen.

Sorgfältig musterte er seine Umgebung, aber außer verdorrten Zweigen, verfilztem Unterholz und halbwüchsigen Buchenschösslingen war nichts Ungewöhnliches zu entdecken.

Vielleicht irrte sich Mutter.

Ob er rufen sollte? Aber irgendwie wollte ihr Name nicht so recht über seine Lippen kommen. Zu lange war es her, seit er ihn ihr nachts begehrend ins Ohr geflüstert hatte.

Ein erstickter Aufschrei vor ihm ließ ihn innehalten. An einem verzweigten, moosigen Baumstrunk lehnte der Weidenkorb, den Ernestine so oft zum Sammeln der Zapfen und Sonstigem benutzte. Erneut beschleunigte er seine Schritte soweit es die Steigung zuließ und Kreszenz keuchte hinter ihm her, immer weiter zurückfallend.

Er musste sie finden! Nur dieser Gedanke beherrschte ihn noch. Sie finden und ihr sagen …

An diesem Punkt weigerte er sich einfach weiter darüber nachzudenken. Wie selbstverständlich formten seine Lippen jetzt ihren Namen und sein Ruf hallte durch den Dämmerwald, aber außer dem Pochen seines Herzens und das ferne Flattern eines aufgescheuchten Vogels blieb der Wald beängstigend still.

Erneut schickte er seine flehenden Rufe in die anbrechende Dunkelheit und von ferne erklang ein schwacher Widerhall, der ihn erneut losstürzen ließ, diesmal mit banger Hoffnung.

Er hatte sie gefunden!

Es kostete Mühe sie mit Kreszenz Hilfe aus dem Loch zu ziehen, immer darauf bedacht nicht auch noch selbst einzubrechen. Der rechte Fuß war unförmig angeschwollen, aber Kreszenz befand nach sorgfältigem Abtasten, dass er nur verrenkt und nicht gebrochen sei und so wickelte Paul das Tuch so fest es ging um den Knöchel.

„Es ist zerrissen!“ Unsicher blickte ihn Ernestine an. Ihre Augen waren dunkel, fast schwarz im Zwielicht und er konnte den Ausdruck darin nicht deuten.

„Ich kauf dir ein Neues!“ Zögernd strich er ihr die dunklen Haarsträhnen aus der misshandelten Stirn, die eine große abgeschürfte Beule verunzierte.

„Man kann auch den Riss flicken, alles kann man wieder flicken, wenn es sich lohnt.“ Sie sah ihn fast flehend an und er verstand.

Sachte fasste er sie unterm Kinn, dessen energische Linie einen kantigen Schatten warf. Sie verzog den Mund zu einem verhaltenen Lächeln. Ihr schiefer Eckzahn lugte vorwitzig hervor und als er daran dachte, wie sie damals vor ihm stand und diese kleine Unebenheit in dem sonst so ebenmäßigen Oval ihres Gesichtes, ihn im Innersten anrührte, überkam ihn ein solch schmerzliches Gefühl von Sehnsucht nach ihrer Nähe, dass er sie einfach in die Arme nahm und ohne groß nachzudenken sein Mund den ihren fand und, oh Wunder, sie ließ es geschehen.

Er hielt sie so fest im Arm, als wolle er sie nie wieder loslassen, und die Welt stand für einen winzigen Augenblick still.

„Paul, ich muss dir etwas erzählen!“

Die raue Stimme von Kreszenz holte sie in die Wirklichkeit zurück.

Erstaunt blickte Paul seine Mutter an. Sie lehnte an einem der dicken rissigen Buchenstämme, ihr Gesicht nur ein fahler verschwommener Fleck in der anbrechenden Nacht.

„Wir müssen ...", Paul wollte sagen, nach Hause, aber Kreszenz gebot ihm mit einer fahrigen Handbewegung innezuhalten.

„Hier Paul, auf dieser Lichtung", begann sie erneut, „habe ich mich immer mit deinem Vater getroffen und ...", sie senkte etwas verlegen den Kopf. Wie sollte sie ihm klarmachen, dass er hier auf diesem idyllischen Flecken vor so vielen Jahren gezeugt worden war. Aber Paul verstand sofort, was sie eigentlich sagen wollte.

Ungläubig lauschten sie den Schilderungen von längst vergangenen glücklichen Stunden und für Paul wurde zum ersten Mal in seinem Leben die schattengleiche Gestalt des Vaters Wirklichkeit.

Mit jedem Satz wurde die Stimme von Kreszenz heller, ihre Gestalt aufrechter.

Es war, als ob sie mit jedem Wort auch die Bitterkeit der vergangenen Jahre ablegte. Was übrig blieb war eine Frau und Mutter, die sich endlich mit der Vergangenheit aussöhnte.

Paul räusperte sich erschüttert. „Wo ist er begraben?"

„Ich weiß es nicht, wollte es nie wissen. Lass es dabei bleiben. Du bist ein Kind der Liebe, nur das ist wichtig."

„Ihr beide", hier bekam ihre Stimme einen warmen Klang, „versucht das Beste aus eurem Leben zu machen. Man kann auch verzeihen und neu anfangen, dazu ist nie zu spät."

Mit einer weit ausholenden Bewegung schloss sie Abschied nehmend die Lichtung ein, die jetzt endgültig ins Schattenreich abglitt und verschwand sicheren Schrittes aufrecht hinter den Stämmen.

Paul hielt Ernestine immer noch fest umschlungen.

„Komm, wir gehen nach Hause."

„Ich kann nicht auftreten, mein Fuß!", bemerkte sie mit einem schelmischen Seitenblick. Er blinzelte belustigt.

„Ich werde dich halt huckepack tragen müssen, wie meinen Hausierkorb.“ Wieder ernst geworden nahm er ihre von der Arbeit rauen Hände in die seinen.

„Ich kann nicht versprechen, dass ich ein völlig anderer werde, aber ich werde es versuchen. Ich möchte dich nicht verlieren.“ Verlegen stockte er. Große Worte waren noch nie seine Stärke. Sanft strich sie ihm über den widerspenstigen Haarwirbel. Wie hatte sie dies insgeheim vermisst.

„Es genügt völlig, wenn du der bleibst, der du bist, aber …“, hier hob sie ihm demonstrativ ihr energisches Kinn entgegen.

„Ein bisschen Änderung wäre vielleicht nicht das Schlechteste!“

Paul packte sie daraufhin ohne großes Federlesens auf den Rücken und trug sie durch das Dunkel des Waldes abwärts, dem Jògowerlhof entgegen.

Ernestine bekam mit Paul dreizehn Kinder.

Das erste, eine Tochter, nannten sie Kreszenz, nach Pauls Mutter.

Es folgten noch viele Namen: Maria, Franz-Paul, Friedrich, Heinrich, Albert.

Von all den Kindern starben sieben im Säuglingsalter: Josef, Berta, Agnes, Ludwig, Theres, Anna, Johann-Baptist.

Nur sechs erreichten das Erwachsenenalter, einer davon war mein Großvater Friedrich.

Ernestine überlebte Paul um zwanzig Jahre.

Vielleicht hat eine unterschwellige Angst in ihr, wieder in Armut zu leben, mit dazu beigetragen die harten Bedingungen des Austrags von ihrem Sohn Friedrich zu fordern.

Anhang

Immer wieder und wieder
steigst du hernieder
in der Erde wechselnden Schoß,
bis du gelernt im Licht zu lesen,
das Leben und Sterben eines gewesen
und alle Zeiten zeitenlos.
Bis sich die mühsame Kette der Dinge
zum immer ruhenden Ringe
in dir sich reiht –
in deinem Wille ist Weltenwille,
Stille ist in dir – Stille –
und Ewigkeit.
Manfred Kyber

Epilog

Spitzenberg 1963

„Franziska!“

Wie aus weiter Ferne hörte sie die Mutter ihren Namen rufen, aber es berührte sie momentan nicht sonderlich. Die rissige Rinde des Apfelbaumes drückte bereits unangenehm in ihren Rücken, aber auch dies nahm sie nicht wirklich wahr.

Eine ganze Weile schon lehnte sie wie eine Statue an ihrem Lieblingsbaum.

Der kleine Hang, der bis zum Elternhaus reichte, war mit Obstbäumen übersät. Hauptsächlich Apfel- und Zwetschgenbäume, aber kein einziger von den Äpfeln war richtig gut, von den sauren blauen Früchten ganz zu schweigen.

Grübelnd fixierte sie den glutroten Ball der untergehenden Sonne. Der ganze Horizont war ein einziges Flammenmeer. Morgen würde sicherlich wieder einer dieser herrlichen Herbsttage werden. Altweibersommer, den sie so sehr liebte; mit endlos blauem Himmel, die Luft wie klares Quellwasser, die letzte Kraft des Sommers, die den Wald in verschwenderische Farben hüllte und ihr sonst das Gefühl von verströmender Leichtigkeit vermittelte. Aber heute empfand sie nichts dergleichen. Schon den ganzen Tag umfing sie eine leichte Traurigkeit, die sie sich nicht erklären konnte und selbst das grandiose Farbenspiel am Himmel trug nur dazu bei, um sich noch verwirrter zu fühlen.

Unwillkürlich strich sie mit der Linken über ihren Nacken und die noch ungewohnte Blöße rang ihr ein kleines verhaltenes Lächeln ab. Vor ein paar Tagen war ihr dreizehnter Geburtstag und damit hatte sich endlich ein langersehnter Herzenswunsch erfüllt.

Nach monatelangem Bitten und Betteln hatte die Mutter endlich nachgegeben.

Ihre langen dunklen Flechten, die schwer den Rücken bis über dic Taille hinunterreichten, waren der Schere zum Opfer gefallen. Nun lagen sie mit einem roten Band zusammengebunden wohlverwahrt in einer ausgedienten Pralinenschachtel, die sie ohne das geringste

Bedauern im hintersten Fach des wurmstichigen Schrankes, der sich in der kleinen oberen Kammer unter dem Dach befand und in dem sich abgetragene Winterkleidung die nach Mottenkugeln roch und sonstiger Kram, der zum Wegwerfen noch zu schade war, befand.

Wobei eigentlich so gut wie nichts je weggeworfen wurde. Wer weiß, wozu man es noch brauchen kann, war die Devise ihrer Eltern. Nun gut, aber sie bezweifelte insgeheim, dass sie die Zöpfe jemals wieder in ihrem Leben brauchen würde.

Nun war ihr Kopf leicht und frei, vermittelte ihr ein neues Gefühl von Lebendigkeit und der Drang, alte Gedanken und Gewohnheiten abzustreifen, Neuland zu erobern, wurde von Tag zu Tag mächtiger.

Es war, als hätte sie sich gehäutet, wäre eine andere geworden.

Niemand, so schien es, konnte ihren Wunsch so recht begreifen. Waren ihre dunklen dichten Haare doch etwas Besonderes und sie war die einzige weit und breit, die solche Pracht ihr eigen nennen konnte. Wenn die Sonne darauf schien, schimmerte es in einem geheimnisvollen Dunkel, wie die Flügel eines Raben, wie ihre Mutter einmal verwundert bemerkte.

Ein Rabe! Wer wollte schon freiwillig ein Rabe sein?

Sie selbst empfand die Schwere der Flechten immer als Bürde. Man konnte die Fülle sowieso nur in zwei strengen Zöpfen bändigen. Ein einziges Mal nur, hatte ihr die Mutter auf ihr Drängen einen kunstvollen Knoten aufgesteckt, der sich unter dem Gelächter und schadenfrohen Gegrinse ihrer Klassenkameradinnen in sämtliche Bestandteile auflöste und sie mit zusammengebissenen Zähnen jede Haarnadel einzeln unter der Schulbank zusammensuchte. Nun, dies gehörte endgültig der Vergangenheit an.

Mit zusammengekniffenen Augen fixierte sie erneut den Horizont, dessen orangefarbene Ränder sich bereits in violette Schattierungen auflösten. Sie war stark kurzsichtig, setzte ihre Brille aber nur in Notfällen; sprich Schule, auf. Kaum aus dem Klassenzimmer, verstaute sie dass verhasste Ding im Ranzen und nahm lieber die vertraute Verschwommenheit in Kauf.

Langsam kroch ihr die abendliche Kühle die nackten Fußsohlen empor. Automatisch zog sie das rechte Bein an, die eiskalte Sohle an ihren warmen Innenschenkel pressend.

Sinnend ließ sie den vergangenen Tag noch einmal in Gedanken vorbeiziehen.

Heute war in der Schule der alljährliche Herbstausflug auf den Dreisesselberg.

In Geschichte nahmen sie gerade den Salzsäumerweg durch, der früher von Passau bis nach Prachatitz ins Böhmische hinüberführte. Ihr Lehrer wollte beides; ihnen die ungefähre Richtung des alten Säumerweges zeigen und zugleich den obligatorischen Ausflug damit verbinden.

Der Fußweg von fast drei Stunden bis zum Gipfel machte ihnen nicht das Geringste aus, waren die meisten doch an lange Schulwege gewohnt, sie selbst mit eingeschlossen und das milde sonnige Herbstwetter war heute geradezu dafür geschaffen.

Oben neben den steinernen aufgetürmten Felsblöcken, die wirklich eigenartigerweise Sesseln glichen, erinnerte er sie an die altbekannte Sage:[44]

In der uralten Heidenzeit saßen einmal auf einem hohen Berge drei Könige und bestimmten die Grenzen der drei Länder: Böhmen, Bayern und Österreich – es waren drei Sesseln in den Felsen gehauen und jeder saß in seinem eigenen Lande. So entstand der Name „Dreisesselberg."

Die Könige hatten viel Gefolge und man ergötzte sich mit der Jagd. Da geschah es, dass drei Männer zu dem Plöckensteiner See gerieten und versuchten Fische zu fangen. Und siehe, Forellen, rot um den Mund und gefleckt wie mit glühenden Funken, drängten sich an ihre Hände, so dass sie deren eine Menge an Land warfen. Wie es nun Zwielicht wurde, machten sie Feuer, taten die Fischlein in zwei Pfannen mit Wasser und stellten sie über das Feuer.

Als der Mond aufgegangen war und eine schöne Nacht entstand, so wurde das Wasser in den Pfannen heißer und heißer und brodelte und

44 Paul Praxl, der Dreiländerberg

sott, aber die Fische darin wurden nicht tot, sondern lustiger und lustiger – und auf einmal entstand ein Sausen und Brausen in den Bäumen, dass sie meinten der Wald falle zusammen.

Und der See rauschte als wäre der Wind auf ihm, doch rührte sich kein Zweig und keine Welle und am Himmel stand keine Wolke. Aber unter dem See ging es wie murmelnde Stimmen: „ Es sind nicht alle zuhause … zuhause."

Da kam den Männern eine Furcht an und sie warfen alle Fische ins Wasser. Im selben Augenblick war Stille und der Mond stand schön am Himmel. Sie aber blieben die ganze Nacht auf einem Stein sitzen und sprachen nicht, denn sie fürchteten sich sehr.

Und als es Tag geworden, gingen sie eilig von dannen und berichteten alles den Königen, die sofort abzogen und den Wald verwünschten, dass er eine Einöde bleibe auf ewige Zeiten. –

Gebannt hatten sie alle seinen Worten gelauscht und so mancher konnte sich eines leichten Unbehagens nicht erwehren.

Ihre Freundinnen nahmen sie kurzerhand in die Mitte und zogen sie trotz ihres Widerstrebens den steilen Steinstufen entgegen, die sie mit starrem Blick auf ihre Fußspitzen, ihre Höhenangst gewaltsam bezwingend, Stufe für Stufe langsam erklomm. Stand dann wie angewurzelt auf der schmalen Plattform, die Hände krampfhaft um das hölzerne Geländer geklammert.

Empfand eine unerklärliche Benommenheit, angesichts dieses unendlichen Wäldermeeres, das sich dunkel und geheimnisvoll fast bis zum Horizont erstreckte – der Böhmerwald.

Spürte plötzlich in sich das unsinnige Verlangen, einem Bussard gleich, über die dunklen Wipfel hinwegzugleiten, auf der Suche, nach was …?

Seitdem konnte sie das eigenartige Gefühl von Traurigkeit nicht mehr abstreifen, als hätte sie etwas unwiederbringlich verloren. Immer noch grübelnd starrte sie den Horizont an. Die Sonne war nun endgültig verschwunden und die anbrechende Dämmerung tauchte alles in ein diffuses Licht.

Erneut erklang die Stimme ihrer Mutter aus dem Küchenfenster, diesmal schon einen ganzen Ton ungeduldiger. Die Kartoffeln müssten noch in dem kleinen Brunnengrand, der sich neben dem Haus befand, gewaschen werden.

Immer diese Kartoffeln! Missmutig stieß sie mit dem nackten Zeh einen der halbverfaulten Äpfel, die hier zu Dutzenden im halbhohen Gras verborgen herumlagen, wütend über die Böschung. Kartoffeln und Äpfel, ging es ihr durch den Sinn. Davon hatten sie genug, ganze Berge davon. Seufzend spähte sie auf den verschwommenen Umriss des Küchenfensters, aber von ihrer Mutter war nichts mehr zu sehen.

Den Aufsatz sollte sie auch noch bis morgen fertig schreiben. „Martini und die alten Bräuche", was konnte einem dazu schon Großartiges einfallen?

Eigenartig. Wenn sie an Martini dachte, sah sie eine lange Schar schneeweißer Gänse vor sich. Und schemenhaft am Rand einen flüchtigen grauen Schatten, gleich einem Wolf.

Solch ein Unsinn, schalt sie sich insgeheim. Weder hatten sie jemals Gänse besessen, noch je einen Wolf lebendig gesehen. Ihre Angst vor Wölfen war manchmal schon traumatisch. Solange sie denken konnte, durchzog diese unrealistische Furcht wie ein roter Faden ihr Leben.

Der Schulweg führte durch ein kleines angrenzendes Wäldchen. Meistens rannte sie, ohne nach links oder rechts zu blicken auf schnellstem Wege durch, immer das unheimliche Gefühl im Nacken von gelben Lichtern beobachtet zu werden und die silbernen Blätter der Buchen wandelten sich in graue lauschende Ohren.

Sie erzählte niemandem davon.

Einmal, mitten im tiefsten Winter; der Schnee reichte ihr bis über die Knie und die Morgendämmerung tauchte das Dunkel der Baumstämme in bedrohliche Schatten, wagte sie sich mitten im Wald nicht mehr weiter. Ihr eigener heftiger Atem verwandelte die Luft in keuchendes Hecheln und voller Panik kehrte sie angsterfüllt um. Aber die scheltend erhobene Hand der Mutter scheuchte sie auf schnellstem Weg in den düsteren Winterwald zurück.

Sie rannte den ganzen langen Weg von einer Stunde ohne einmal innezuhalten zur Schule. Von dieser Stunde an wurde ihr bewusst, dass niemand für ihre Ängste zuständig war und so behielt sie fortan ihre Gedanken und Kümmernisse für sich.

Eine Zeit lang quälten sie nachts furchtbare Alpträume; von grauen Schatten, die knurrend das Haus umkreisten und in den Türritzen am Scheunentor und an der kleinen hinteren Holztüre nach Einlass suchten, wobei sie verzweifelt und angstvoll immer wieder versuchte, diese mit irgendetwas zu verstopfen. Morgens erwachte sie oft so erschöpft, als wäre das nächtliche Szenario Realität.

Sie war ein ruhiges Kind, so die allgemeine Meinung, und die Alpträume gehörten längst der Vergangenheit an, nur ein leises Unbehagen blieb, wenn sie, was relativ selten war, daran dachte. Aber sie hasste den Winter mit seinen grauen milchigen Schatten.

„Franziska!!!"

Verwirrt blickte sie hoch. Die mahnende Stimme der Mutter drang durch ihre Versunkenheit.

Sie stehe ja schon wieder barfuß in der Kälte draußen wie ein Storch. Irgendwann würde sie davon noch richtig krank werden.

Franziska warf einen letzten Blick auf die schemenhaften, dunklen Konturen des nahen Waldes. Morgen begann ein neuer schöner Tag und es würde noch viele schöne Tage geben. Das ganze Leben lag ja noch vor ihr.

Fröstelnd zog sie die Schultern hoch und wandte sich der warmen Geborgenheit ihres Elternhauses zu und für den Bruchteil einer Sekunde formte das Mondlicht ihr Kinn zu einem kantigen Schatten …

Nachwort und Danksagung

Meine Urgroßmutter väterlicherseits, „Ernestine" war existent!

Laut Aussage meines Vaters, half sie meinem Urgroßvater Paul die Gänse vom böhmischen Grenzland herunterzutreiben und blieb auf dem Jògowerlhof. Ob sich dies tatsächlich so zugetragen hat, lässt sich nach so vielen Jahren nicht mehr feststellen.

Das Gänsetreiben mit den großen Scharen, vom oberen Böhmerwald ins Bayerische hat es jedoch gegeben. Namen wie „Gansauer Haid" (Pfarrei Neugebäu) im Böhmischen, und „Gänswies" (zwischen Spitzenberg und Neureichenau) belegen dies noch heute. Den Nachweis von dem Treiben durch die Dörfer fand ich nach vielem vergeblichen Suchen zufällig in dem Buch „Herent und drent."

Paul war auch in Wirklichkeit ein lediges Kind und seine Herkunft gab Kreszenz nie preis.

Ernestine und Paul schlossen am 26.05.1879 in Neureichenau (alte Schreibweise Neu-Reichenau) den Bund der Ehe. Trauzeuge war ihr Vater Lorenz Hawlik, wovon sogar diesbezüglich noch eine Heiratsurkunde vorhanden ist. Eine Einheirat nach Bayern galt damals als gute Partie!

Zum Anwesen Hawlik gehörten 4,2 ha Grund, allerdings war der steinige, nährstoffarme Boden in dieser Höhe (über 1000 m) nur mühsam zu bewirtschaften. Roggen, Hafer und Kartoffeln wurden ausschließlich zur Selbstversorgung angebaut. Auf den großflächigen Weiden betrieb man auch Rinderzucht, aber es ist nicht bekannt, ob dies auf die Familie von Ernestine zutrifft. Der Hausname „Tischler" ist dagegen überliefert.

Paul und Ernestine bekamen dreizehn Kinder, davon starben sieben im Säuglingsalter. Die Daten und Namen der einzelnen Familienmitglieder den Jògowerlhof betreffend, stimmen (siehe Stammbaum im Anhang). Von den Geschwistern Ernestines sind nur die beiden Namen: Johann und Anna bekannt, alle übrigen sind von mir frei erfunden.

Auch dass Paul als „Hausierer" oft unterwegs war, ist überliefert.

Die Papierblumen wurden von Ernestine wirklich angefertigt und brachten ein kleines Zubrot ein. Die Kaltenbacher hatten sich darauf spezialisiert, da in den Höhenlagen so gut wie keine Blumen wuchsen. Diese kunstvollen Gebilde schmückten Wegkreuze, Kapellen und sogar Gräber. Im Heimatmuseum von Röhrnbach, das die Partnergemeinde von Kaltenbach (Nové Hute) ist, kann man eine wunderschöne Ausgabe davon noch bewundern.

Planie dagegen, existiert heute, wie so viele böhmische Siedlungen, nicht mehr.

Den strengen Winter von 1858 gab es laut einer alten Wetteraufzeichnung! Am 29. und 30.10. gab es Frost und starke Schneefälle. Ab 31.10. herrschte eisiger tiefster Winter, der auch anhielt. Dagegen war es vorher im Frühjahr 1858 drei Monate hintereinander sehr heiß. Ich habe dies für den Ablauf der Geschichte zu 1859 umdatiert.

Die Wilderer- und Schmugglergefechte am Plöckenstein und im böhmischen Grenzgebiet waren zahlreich. Nachzulesen in „Der Dreiländerberg" von Paul Praxl. Den Namen „Mathias" habe ich mir aus der Totenliste entliehen, weil er zeitlich in meinen Roman passt. Man möge mir verzeihen.

Den Teufelsstein gibt es ebenfalls und die verwitterten Abdrücke flößten uns als Kinder immer Unbehagen ein.

Der „Jògowerlhof" verdankt seinen Namen dem Großvater von Paul, der Jakob hieß und von sehr kleiner Statur war. Wahrscheinlich deswegen die Verkleinerung „werl." Er steht noch heute und wird als stattlicher Hof von einem Ururenkel Ernestines im ökologischem Landbau bewirtschaftet.

An dieser Stelle möchte ich meinem Cousin Toni Schmid – ebenfalls ein Urenkel von Ernestine – danken, der mir bei meinen Fragen immer bereitwillig weiterhalf, da sein Wissen über unsere Vorfahren durch seine umfangreiche Ahnenforschung, die bis ins Jahr um 1600 zurückreicht, sehr fundiert ist. Außerdem verdanke ich ihm das Foto vom Elternhaus Ernestines, und des Jògowerlhofes.

Danken möchte ich auch meinem Bruder Josef, der mich auf so manches „Ungereimte" aufmerksam hinwies.

Dank gebührt auch an dieser Stelle meiner Cousine Elfriede Eifert, die als ehemalige Deutschlehrerin freundlicherweise die Erstkorrektur des Textes übernahm.

Alle anderen Ereignisse entspringen meiner Phantasie, denn die Menschen, die auch nur eine Andeutung davon, wie Ernestine in jungen Jahren war, wiedergeben könnten, sind schon lange tot. Leider existiert wie so oft in vergangenen Zeiten, auch kein Foto von ihr. Nach Aussage meines Vaters: „G`sagt haben`s, sie war eine recht saubere (gutaussehend) mit dunklen Haaren". Er selbst hatte sie nur als alte streitsüchtige Frau in Erinnerung.

Ähnlichkeiten von Namen oder Personenbeschreibungen, die nicht meine Familie betreffen, sind von mir weder beabsichtigt noch gewollt und deshalb rein zufällig.

Der Anlass für diesen Roman …

Ich wusste bis zu diesem Zeitpunkt, so seltsam es erscheinen mag, nicht einmal den Namen meiner Urgroßmutter. Sie wurde in unserer Familie so gut wie nie erwähnt. In meiner Kinderzeit wurde zwar manchmal von einer argen „Alten" gesprochen, aber dies hat uns nie sonderlich interessiert.

Die zufällige Erwähnung ihres Namens – Jahrzehnte später – die Aussage meines Vaters, sie sei mit Paul und den Gänsen aus Böhmen gekommen und geblieben, genügte anscheinend, um eine Flut von Bildern in mir auszulösen. Der Drang, ihre vermeintliche Lebensgeschichte zu schreiben, und somit etwas Verständnis für sie zu erreichen, wurde übermächtig. Es war, als hielte ich den Faden eines Knäuels in der Hand, der sich ohne mein Zutun vor mir entrollte.

Die erste Rohfassung entstand 1996 handgeschrieben in knapp einer Woche.

Die Gedichte sind ausschließlich von mir, ein Jahr zuvor in stillen Morgenstunden mit Blick auf unseren wunderbaren Garten „zugeflogen". Ich habe sie jeweils passend zum nachfolgenden Kapitel ausgesucht.

Danken möchte ich an dieser Stelle auch meiner Tochter Kerstin, die ohne zu klagen meine handschriftliche Fassung ins Reine tippte. Dann fristete das Manuskript ein vergessenes Dasein in einer Schublade, bis es mir fast zwanzig Jahre später wieder in die Hände fiel und mich Ernestine erneut in ihren Bann zog. Ich habe es noch einmal überarbeitet, von neuem recherchiert, gestrichen, vieles ergänzt und mit ihr gefühlt …

Der Epilog enthält meine eigenen Kindheitserinnerungen.

Ernestine starb in ihrem 83. Lebensjahr, zwanzig Jahre nach Paul.

Man schrieb das Jahr 1941 und der Krieg dauerte nun schon zwei Jahre. Drei von ihren fünf Enkeln kämpften für das Vaterland. Der Älteste würde den Krieg einigermaßen unversehrt überstehen, den Jògowerlhof von seinem Vater übernehmen und weiterführen.

Der Zweitälteste geriet am letzten Kriegstag noch in russische Gefangenschaft und erst im Dezember 1948, kurz vor Weihnachten, erreichte er abgerissen und krank heimatlichen Boden. Das kleine Austragshaus, das im Jahre 1913 für Paul und Ernestine auf Grund der Übergabebedingungen gebaut worden war, wurde für ihn und seiner Familie zur Heimat. Dort kam ich 1950 zur Welt.

An einem herrlichen Herbsttag im Altweibersommer, der auch „Flugsommer" genannt wird und meine liebste Jahreszeit ist, fuhr ich mit meinem Bruder Josef nach Nové Hute (früher Kaltenbach) und Planie, sozusagen zu unseren Wurzeln.

Wir fanden das Familiengrab der Hawliks auf dem Friedhof. Die Namen kaum noch lesbar, Spuren vergangener Zeit. Im Beinhaus daneben viele historische Fotos an der Wand, aber leider kein einziges von unseren Vorfahren. Oben in Planie – friedliche Ruhe und Weite – und wir gedachten still der Frau, die unsere Urahnin war …

Gertraud Franziska Maier, geb. Schmid

Böhmische Bauernstube im Heimatmuseum in Röhrnbach.

Planie Oktober 2017

Stammbaum der Familie Schmid

Jakob Schmid °° Theresia Stadler
*17.07.1771 Spitzenberg *06.03.1779 Althütte
+31.12.1842 Spitzenberg +26.10.1826 Spitzenberg
Hausname Jògowerl

Johann	Katharina	Anna M.	Theres	Josef	Anna	Jakob	Raimund	Kreszenz	Barbara
+1872	+1865	+1853		+1873	+1874				+1845

Kreszenz Schmid
*13.03.1819 Spitzenberg
+26.10.1889 Spitzenberg

Paul Schmid °° Ernestine Hawlik
*04.02.1851 Spitzenberg *24.03.1858 Planie (Böhmen)
+29.05.1921 Spitzenberg +30.09.1941 Spitzenberg

Friedrich Schmid °° Maria Rodler
*29.11.1887 Spitzenberg *02.06.1889 Duschlberg
+03.10.1956 Spitzenberg +10.05.1971 Passau

Übergabebedingungen im Jahr 1913

... an Sohn Friedrich Schmid und seiner Frau Maria

1. Bau eines Austragshauses mit Stadel innerhalb von zwei Jahren und anschließende Instandhaltung
2. Bis zu dessen Bezugsfertigkeit das Wohnrecht im besten Raum des Hauses über der Stube
3. Jährlich ein Zehrpfennig von 200 Mark
3. 880 Liter Getreide
4. Zwei Pifang (bestimmte Ackergröße) Kraut
5. Fünf Pifang Kartoffeln
6. Ein Zentner Fleisch
7. Nutznießung von einer Kuh und zehn Hühnern, wobei die Tiere vom Übernehmer zu versorgen waren. Alles in allem nach amtlicher Veranschlagung ein Leibgeding von 2125 Mark im Jahr.
8. An Heiratgut an die Geschwister 2500 Mark

Die harte Haltung insbesondere von Ernestine gegenüber Friedrich und Maria hat viel Verbitterung hervorgerufen. Es kam nie mehr zu einem guten, einvernehmlichen Verhältnis.

Austragshaus von Ernestine und Paul um 1950.

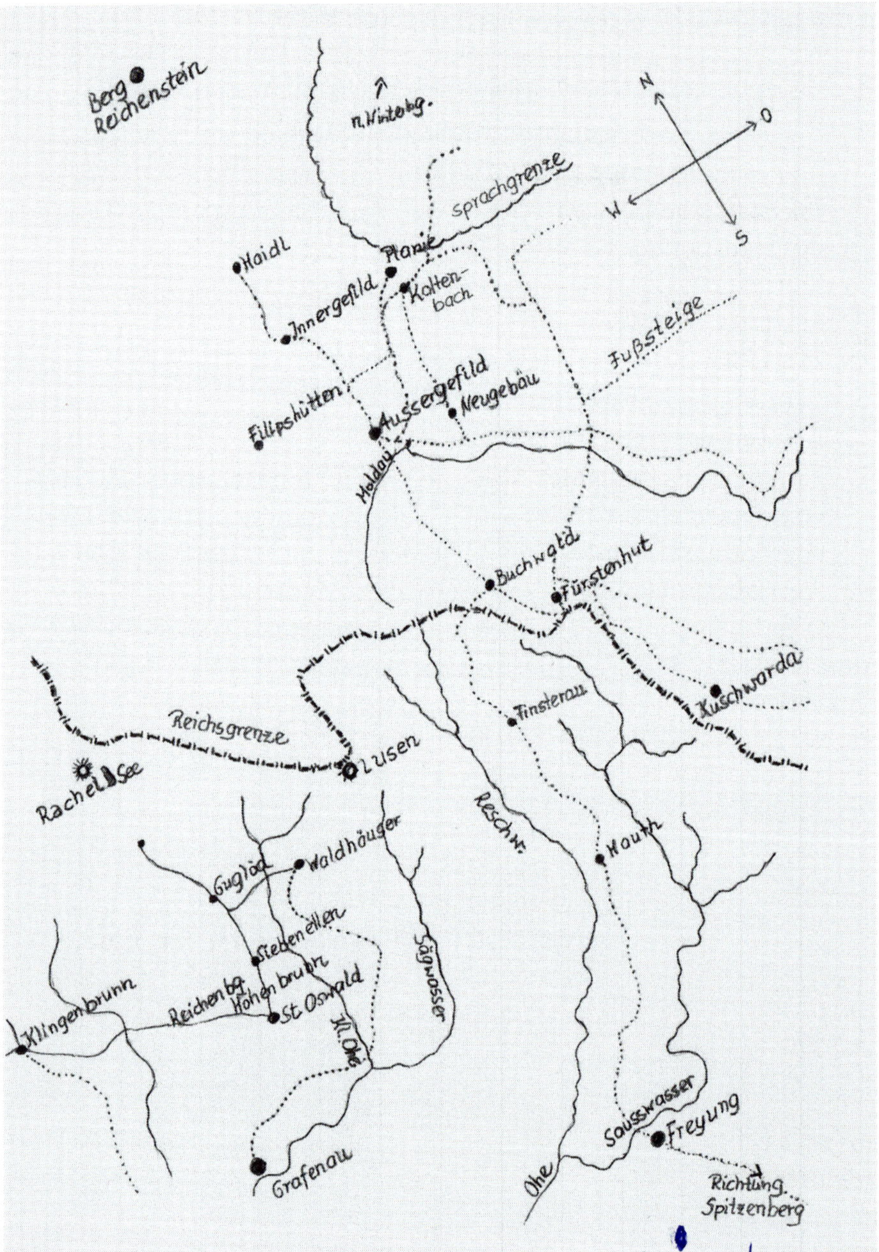

Gsenget

Karte mit dem Weg von Planie nach Bayern

Ernestines Elternhaus um 1940

Der Jògowerlhof um 1943. Der Grundstock des Hauses blieb erhalten, es wurde nur neu aufgestockt.

Marktordnung

für den Markt Waldkirchen.

Der Magistrat des Marktes Waldkirchen hat im Einverständniße mit dem Kollegium der Gemeindebevollmächtigten die Marktordnung vom 28. August 1862 einer Revision unterstellt und in Gemäßheit der §§. 69—70 und §. 149 Ziff. 6 der Gewerbeordnung für das deutsche Reich, dann Art. 146 des Polizeistrafgesetzbuches vom 26. Dezember 1871 die Erlassung nachstehender Marktordnung beschlossen:

§. 1. Im Markte Waldkirchen finden alljährlich folgende 8 Jahrmärkte statt:

1) am Sonntag nach Lichtmeß,
2) am Sonntag vor dem Palmtage,
3) am Pfingstmontag,
4) am Sonntag nach dem Frohnleichnamsfeste,
5) am Sonntag nach Peter und Paul,
6) am Sonntag vor Michaeli,
7) am Sonntag nach Leopoldi,
8) am vierten Sonntag im Advente.

§. 2. Die Aufstellung und Benützung der Marktbuden hat nach Anordnung der jeweils aufgestellten magistratischen Markt-Commission zu geschehen.

§. 3. Die Dauer des Marktes wird auf den Tag beschränkt, an welchem derselbe in herkömmlicher Weise stattfindet.

§. 4. Auf den Jahrmärkten dürfen außer den im §. 66 der deutschen Gewerbeordnung benannten Verzehrungsgegenständen Fabrikate aller Art feilgeboten werden mit Ausnahme von geistigen Getränken, falls nicht besondere Erlaubniß hiezu nach §. 67 der Gewerbe-Ordnung ertheilt worden ist.

§. 5. Für den zum Geschäftsbetriebe nöthigen Raum behufs hierauf zu errichtender Marktbude wird je nach dem Umfange und der Größe des zu benützenden Platzes eine Platzgebühr von 20 Pfennigen bis zu einer Mark und am Lichtmeßmarkte der doppelte Betrag zu Gunsten des Kommunärars von den Geschäftsleuten erhoben.

§. 6. Der Waarenverkauf unter dem Gottesdienste ist verboten.

§. 7. Die Garnmärkte finden an den Freitagen vor den im §. 1 bezeichneten Jahrmärkten statt, und wenn auf den Freitag ein gebotener Feiertag fällt, wird der Garnmarkt am Donnerstag vorher abgehalten.

§. 8. Jeder Garnverkäufer hat für den Platz, wo er sein Garn lagert, von jedem Buschen, als welcher mindestens 3 Strenge gelten, eine Platzgebühr von 5 Pfennigen an den aufgestellten Thorsteher zu entrichten, worüber ihm eine Polete behändiget wird.

§. 9. Jeden Samstag des Jahres, oder wenn auf diesen Tag ein gebotener Feiertag fällt, am vorhergehenden Freitag werden die althergebrachten, vereinigten Ochsen-, Rinder-, Pferde- und Schweinmärkte abgehalten.

§. 10. An diesen Tagen sind bei dem oberen und unteren Thore des Marktes Thorsteher aufgestellt, welche für das zugetriebene, für den Viehmarkt bestimmte Vieh vorbehaltlich jedoch der im letzten Absatz des Paragraphen getroffenen Bestimmung die Platzgebühr in Empfang zu nehmen, und sowohl die Zahl als die Gattung der Viehstücke mit der geleisteten Zahlung in eigenen Verzeichnissen eintragen.

Das Hornvieh ist auf dem Hauptplatze des Marktes aufzustellen; etwa zu Markt gebrachte Pferde sind auf dem Platze unterhalb der Mariensäule gegen Norden unterhalb dem Hornvieh zu postiren; für die Schweine ist der Raum vom Petzer-Haus bis zur Loibl'schen Wirthschaft bestimmt.

Der Abtrieb des Viehes auf Seitenwegen oder durch die Hintergebäude der hiesigen Hausbesitzer ist verboten. Dasselbe darf nur auf der Straße zu den bezeichneten Thoren zu Markte gebracht, und dorthin wieder abgetrieben werden.

§. 11. Als Platzgebühr werden folgende Beträge erhoben:

a) für ein Schwein . . . . 9 Pfennige,
b) für jeden Ochsen, jedes Rind . . . . 51 Pfennige,
c) für ein Pferd . . . . 51 Pfennige.

Diese Beträge haben die Thorsteher sofort bei Antrieb der Ochsen und Rinder, dann Pferde einzuheben, und an den Kommunal-Verwalter abzuliefern, während die Schweinmarktsgebühren der Marktdiener erholt und ebenso abliefert.

§. 12. Zuwiderhandlungen gegen vorstehende ortspolizeiliche Vorschrift werden gemäß §. 149 Ziff. 6 der Gewerbeordnung für das deutsche Reich und §. 2 Ziff. 5 des Reichsgesetzes vom 12. Juni 1872, betreffend die Einführung der Gewerbeordnung des Norddeutschen Bundes in Bayern und die Abänderung einiger Strafbestimmungen der Gewerbeordnung mit Geldstrafe bis zu 10 Thalern und im Falle des Unvermögens mit Haft bis zu 8 Tagen bestraft.

Waldkirchen, am 30. Juli 1875.

Für den Marktsmagistrat:
A. Ratzesberger.

Für das Gemeinde-Kollegium:
Ign. Müller, Vorstand.

Für vollziehbar erklärt durch kgl. Regierungs-Entschließung vom 7. September 1875, Nr. 15080.

Marktsmagistrat Waldkirchen.

Bürgermeister: A. Ratzesberger.

Quellen

1.) Paul Praxl: Der Dreiländerberg, 1979 Morsak, Grafenau
2.) Paul Praxl: Der Landkreis Freyung-Grafenau, 1982 Morsak, Grafenau
3.) Ingeborg Jordan: Photographie im Böhmerwald 1880-1940 1983 Ennsthaler, Steyr
4.) Die Stadt Waldkirchen: Herausgegeben im Jahr der Stadterhebung 1972, Neue Presse, Passau
5.) Stadtarchiv Waldkirchen: Bildnachweis Marktordnung
6.) Toni Schmid Fotos: Elternhaus v. Ernestine 1940 Jògowerlhof 1943

Folgende Bücher waren mir bei den Recherchen eine große Hilfe:

7.) Rosa Tahedl: Sternreischtn, 1987 Morsak, Grafenau
8.) Otto Bauer, Rudolf Scheibenzuber: Historische Kleidung in Niederbayern, 1996 Isar-Post, Altheim
9.) Martin Ortmeier: Herent und drent, 2008 Buch- und Kunstverlag, Oberpfalz
10.) Stefan Stippler: Heimat zwischen Böhmerwald und Egerland Auszüge aus "Vom Brotbacken" von Anna Spörl, 2011 epubli Berlin

Die Autorin Gertraud Franziska Maier

Geboren 1950 in Spitzenberg, Landkreis Freyung-Grafenau.

Verheiratet, zwei Töchter, fünf Enkelkinder.

Schon früh entdeckte sie ihre Liebe zum Schreiben, Zeichnen und Malen, u. a. Hinterglasbilder nach eigenen nostalgischen Motiven auf mundgeblasenem Glas, sowie Teilnahme an verschiedenen lokalen Ausstellungen.

Bei den ersten zwei Kochbüchern „Waldkirchner Leibspeisen" des Katholischen Frauenbundes Waldkirchen war sie Mitillustratorin.

Heute widmet sie sich mit Begeisterung dem Schreiben von längst vergessenen Familiengeschichten, um diese in Romanform wieder in Erinnerung zu bringen.

Für ihre Enkel hat sie ein Märchenbuch geschrieben und mit viel Liebe illustriert.

Außerdem fotografiert sie mit Leidenschaft und setzt ihre kreativen Ideen in Fotobüchern mit eigenen lyrischen Texten um.

Der Künstler Walter Grössl

Die Holzschnitte, Holzstiche und Radierungen in diesem Buch sind dem Buch von Walter Grössl „Auf verschlungenen Waldpfaden“ (mit freundlicher Genehmigung des Morsak Verlag, Grafenau) entnommen.

Der in Viechtach lebende Lehrer, Heimatkundler, Schriftsteller und Grafiker brachte es in historischen Techniken zu wahren Meisterwerken. Seine Techniken waren Holzschnitt (in Langholz), Holzstich/Xylographie (in Hirnholz), Radierung und Kupferstich. Er war einer der wenigen, wenn nicht sogar der einzige Künstler in Deutschland, der die aufwendige Xylographie beherrschte.[1]

Walter Grössl wurde am 11.08.1923 in Chudiwa bei Neuern (Böhmen) geboren. Nach der Schule in Neuern besuchte er die Lehrerbildungsanstalt in Krummau an der Moldau. Er war Lehrer in Hammern und nach der Aussiedelung in Viechtach.

Seine Werke waren bei verschiedenen Kunstausstellungen z. B. in Passau, Straubing, Regensburg, München und Nürnberg ausgestellt.

Verstorben am 22. Februar 2006 in Viechtach.

Hans Schopf

1 http://www.horststiepani.de/walter_groessl.htm